渡辺えりの人生相談

荒波を乗り越える50の知恵

渡辺えり

毎日新聞出版

渡辺えりの人生相談

荒波を乗り越える50の知恵

渡辺えりの人生相談　荒波を乗り越える50の知恵――目次

第1章　軽やかに歩む　家族とのかかわり

第2章 したたかに働く 仕事の戸惑い

第3章 しなやかに愛する 恋と友情の悩み

第4章 まめやかに暮らす 生活の悩み

第5章　ひそやかに向き合う　心の悩み

第1章

軽やかに歩む

家族とのかかわり

01 相談

幸せな家族に嫉妬する

（21歳・女性）

あまり家庭環境が良くないところで育ちました。父はろくに働かず、借金をするばかりで、母が兄と私の２人を育ててくれました。社会人になり、他の家庭との違いに直面しました。最近は、友達や同僚がうれしそうに家族の話をしているのを聞くと、うらやましい気持ちと「あなたの家はいいですよね、うちとは違って幸せそうで」と思うことがあり、自分が嫌になります。どうすればいいでしょうか。

回答　嫉妬は人が生きる上で大切な感情

人をうらやましく思う。この感情は人間が生きる上で必要なため、自然が作り上げた感情だと思います。人生の中で諦めなくてはならないことと、諦めずに努力を重ねなくてはならないこととがあるはずです。そして、そのどちらかを選ぶ力を身につけていくということが、生きる上で重要なのだと思います。

あなたが幸せな家族をうらやましいと思う感情は大事です。**今後あなたが家族をつくる時の指針**になるからです。世の中にはアダルトチルドレンと呼ばれる人たちが多く存在していて、不幸な状態でないと逆に不安に思ってしまい、一番避けたいと思う状況を再度つくってしまうという悲しい習性があるといいます。あなたに他の幸せな家族をうらやましいと思う感情があるなら大丈夫です。その幸せな家族を、ぜひ自分の力でつくっていただきたいと思います。**妬ましさを夢に変える**のです。

そして、嫉妬やうらやましいと思う感情のつらさや痛さを知ったあなたです。その感情を表に出すのではなく、内面にため込んで、創作活動などに転化させてみてはどうですか。『※蕁麻《いらくさ》の家』という萩原葉子さんの小説を読んでください。本当に気の毒な小説ですが、きっとあなたに生きる勇気を与えてくれます。不幸な人生を描いた小説は作家が自分の人生を乗り越えようとして血を吐きながら書いています。あなたもきっと乗り越えられます。

※『蕁麻の家』萩原葉子（講談社文芸文庫ほか）
詩人であり作家だった萩《はぎ》原《わら》朔《さく》太郎《たろう》の娘、萩原葉子（1920～2005年）の自伝的小説。家庭を顧みない両親のもとに生まれ、祖母や親戚から虐待を受け苦しみながら育った青春期の葛藤を描く。女流文学賞受賞。

うらやむ気持ちをバネにして成長する

嫉妬や妬みの感情があるからこそ、
人は「ああなりたい」と頑張れる。
妬ましさを否定しないで夢に変えるのです。

02

相談

夫婦げんかが絶えず将来が不安

（49歳・女性）

主人とけんかが絶えません。1年前、疎遠になっていた義理の母の悪口をポロッと言ったことが許せないようです。昨秋その母が亡くなり、けんかの頻度が増しました。私の暴言を録音するためレコーダーを1年前から隠し持っていたことも判明。子どもを授からなかったのですが、主人は何でも話せる親友のような存在でしたので、ショックでした。結婚生活を続けられるか不安です。別れるのも寂しいです。

回答

あなたから先に謝って

「離婚するのは寂しい気がする」とあなたは相談の最後に書かれました。最後にその言葉でしめたということは、**離婚はしたくないということ**なのだと思います。親友のような間柄の夫婦なんてとてもすてきです。年を取って2人とも介護施設の厄介になっても、手をつないでお互いの世話を焼き合っていられたら、たとえ毎日けんかしていても刺激があって愉快だと思います。

今のけんかが、胃が痛くなるような重苦しいものであったなら、あなたが先に謝ってください。永遠に生きていてほしいと思っていた愛する母親に死なれ、その悔しさ、寂しさにどう対処してよいか分からず、その無念の気持ちのやり場がなく、あなたに当たっているのだと思います。生前母親の悪口をうっかり少し言ってしまったあなたに、つっかかることで救われようとしているのだと思います。

男性にとっての母親は、「母親」という名前の女神ですね。しかし、あなたは人間です。大げんかのできる人間なんです。あなたにとっては彼の母親も人間だからいろいろと欠点が気になるし、許せない部分もある。しかし、もう亡くなってしまったのですから、ここはひとつ我慢して「あなたを傷つけてごめんなさい。あなたが苦しそうだと私も苦しいから、素直に謝ります」って言ってみたらどうでしょう？　冗談を言い合って大笑いのできるカップルでいてください。

離婚したくないという気持ちに素直になる

人間だから、
お互いに欠点はいろいろある。
夫と仲直りし、
愉快な日々を送りましょう。

03

相談

愚痴っぽい母にうんざり

（53歳・女性）

80歳を少し過ぎた両親がいます。月に何度か両親宅に通っていますが、母の父に対する愚痴が苦です。幼い頃は母の言うように、父は冷たくひどい人と思い込んでいましたが、大人になって父が不器用ではあるけれど、冷たい人でないことが分かりました。しかし母は、父を理解しようとしません。母には大事に育てられ感謝していますが、愚痴っぽい母にうんざりです。母にどう対応すればいいでしょうか。

回答　我慢して聞いてあげて

あなたにお願いがあります。お母さんの、お父さんへの悪口と愚痴を我慢して聞いてあげてください。本当に嫌だと思います。それでも辛抱して時々聞き続けてほしいのです。

私の母も私が実家に帰るたびに父や伯父など特定の何人かの悪口を延々と続け、私も毎回抗議し泣いたこともありました。小さい頃から同じ話を何度も何度も聞かされたせいで、本人に会っても母の言葉が脳裏にこびりつきその方たちと親しくなれなかったこともありました。愛する母親から人の悪口は聞きたくないし、ましてや父親の悪口など……。本当に嫌でした。

しかし、母が認知症になってみて思うのです。狭い家の中で、家事育児をし、内職もやり続け、家族のためだけに生きてきたような母の生活の中で、こだわるのは身近な親戚や夫のことだけ。周りの大きな世界に気持ちが向かう余裕はなく、親しい者に執着してしまうのです。**悪口ではなく、一種の愛情から来るこだわりです。そして、苦労を重ね、甘えられない自己を包んでくれる愛がほしい**のです。

「大変だね。父さんには私から言っておく。本当に父さんが悪いね」と言ってみてください。お父さんのことを悪く言えば最後にはかばってほめるはずですよ。今、老人ホームの母を前にして、もっと母の悪口を聞いてやれば良かったと後悔しています。夫の悪口しか言えない、そんな悲しい暮らしを思いやってください。

悪口は一種の愛情表現

親しい人を悪く言うのは、
相手に執着心があるから。
愛情だと思って受け止めましょう。

04

相談

祖母の介護を放棄した母を、心の中で捨てたい

（45歳・女性）

母は姑《しゅうとめ》（私の祖母）と折り合いが悪く、幼い頃から愚痴を聞かされていました。妻となり母となり、むしろ粘着気質な母のやり方に嫌気がさしています。一昨年ごろから祖母に介護が必要になりましたが母は行動せず、私が近所の老人ホームに入居させました。叔母からは「娘に介護丸投げなんて信じられない。もう（母を）心配するのはやめなさい！」と言われました。心の中で母を捨ててもいいですか？

回答 嫁姑の問題は複雑ですね

あなたはえらいなあと思います。「心の中で捨ててもいいですか？」と「心の中で」優しく問いかけているからです。ひどいと思っても自分の母親です。しかし許せない。その気持ちも十二分に分かります。あなたにとって血のつながりのある優しいおばあさんでも、お母さんにとっては他人です。嫁姑の問題は周りで見ていても分からない複雑な事情がもろもろあるようです。

私も仕事柄さまざまな介護の本を読みましたが、認知症になってから実の息子が面倒をみず、お嫁さんが最後まで介護してうまくいった事例が多く出てきます。実の親だと思うと認知症の現実が認められず、突き放してしまう息子や娘たちより、最初から他人と思って接してきたお嫁さんのほうが実態をまっすぐに認められて介護しやすいというのです。なるほどと読んだその時は思いましたが、実際に親が認知症になってしまうと本当につらいものです。月に一度、故郷の介護施設に行って両親を見舞うことしかできない私です。あなたは本当にえらいです。

そして**あなたのお母さまは何だかとても気の毒**です。**一生人の悪口や愚痴を言って死ぬ**のですよね？　あなたも私もそんな人になりたくない。そう思いませんか？　お世話になった皆様にお礼を言って死ねるような人間になりたいものです。**心の中でお母さんを捨てて**ください。でもあなたの心の一部は、将来老いた母親を愛するのでしょう。

心の中でなら、実の親を捨てていい

家族のことで苦しむばかりの人生なんてつまらない。
あなたの許せない気持ちもよく分かる。
心の中で捨てましょう。

05

相談

嫉妬する母から逃れ、家を出たい

（24歳・女性）

母とどんな心持ちでかかわっていけばいいのか悩んでいます。看護師になるのが夢だった母に、看護師になれと言われ、納得した上で看護師資格を取りました。その結果、母から嫉妬されるようになりました。母は再婚相手とうまくいかず別居したことも私たち子どものせいと責めます。中学時代はここで暮らしたらおかしくなると思い、養護施設にいました。家を出たいのですが学生の妹がおり置いていけません。

回答　我慢するか、逃げるか――冷静に考える

あなたのお母さまは幼児性が強くわがままで、あなたたち娘に甘えることでかろうじて自分を保っている方なのではないでしょうか？　**自分に非があるとは思えず、自分に不都合なことは周りに原因があると感じる未成熟な面**を持っていると言えます。手ごわく切ない状況ですね。我慢するか？　逃げるか？　冷静に考えてみましょう。

まず妹さんは自分でアルバイトで生計を立てられますか。預かってくれる親戚の方や友人はおられますか。東京でも風呂付きで５万円くらいの家賃のアパートは探せばたくさん見つかります。看護師の免許がおありになるなら物価の安い地方都市に妹さんと２人で逃げたらいかがですか。山形県の酒田市には家賃が２万円の一軒家もありますよ。覚悟を決めれば生き方を変えら

れます。

お母さまと我慢して暮らすなら、別な夢を見て暮らすしかありません。**意地悪な継母に酷使されるシンデレラを、いつか美しく正しい王子が救いに来てくれるという夢を見て、現実逃避**する方法です。妹さんが卒業し、自分に貯金ができるまでの3年間だけ辛抱するという方法です。

今のお母さまは、あなたがどう接してもいろいろなやり方で甘えてくるでしょう。彼女はあなたのほうが強いと思い込んでいるからです。本当は、すべてをあなたが握っているのです。

すべてを握っているのはあなた

親であってもわが子に甘え、
わがままに振る舞う人もいる。
逃げるか、とどまるか――
その主導権は親ではなく、あなたにあるのです。

06

相談

夫の鼻毛がみっともなくて、ストレスを感じる

（42歳・女性）

旦那の鼻毛について、とてもストレスを感じています。接客業なのですが、ほぼ毎日のように鼻毛が出ています。旦那は「伸びたからや」と言いますが、人の毛がそんなに早く伸びるのが信じられません。仕事も真面目で遅刻などはありません。性格もそんなにだらしない人ではないですが、接客業だし、身だしなみはきちんとしてほしいのです。どうしたら分かってもらえますか？

回答　構ってもらいたいのでは？

朝起きてひげをそる時に必ず鼻毛を切ってもらったらよいと思うのですが、旦那様はそれを拒絶しているのでしょうか？　鼻毛を切ることがそんなに面倒で難しいこととは思えないので、**何か他に問題があるのではないか**と考えます。

毎日あなたから構われたいのではないでしょうか？　他の人には親切で気の利くあなたが、旦那様に対して空気のように感じてしまい、無視しているように感じ、何か注目を浴びる部分はないかと模索した結果、**毎日伸びる鼻毛という武器**があった。ご主人の何らかの自己主張なわけです。あなたが、旦那様に鼻毛のない顔のほうがいかにすてきか、言葉を尽くして説得すれば、毎日切ったり、抜いたりしてくれるはずです。面倒でも毎日ほめなければなりません。

ほめたついでに、2人で、映画や舞台を見に出かけたらいかがでしょうか？観劇していると、鼻毛を出した登場人物はコント以外には見当たらないことに気が付くでしょう。泣いて、大笑いしながらご主人がそのことに気が付いてくれれば大助かりです。

映画をゆっくりと見ても、**渡辺謙さんや妻夫木聡さんに鼻毛がのぞいていない**ことにご主人は気が付きます。鼻毛や鼻くそのない鼻の穴に慣れさせることが一番です。そうすれば毎朝鏡を見るたびに、今度はご主人がぞっとして、きっと鼻毛を切らずにはいられなくなるでしょう。

映画に登場する美男たちを夫に見せる

だらしなさを「武器」にして妻に構ってもらおうとするのは、日本人男性の悪い癖。

鼻毛が出ていない、まっとうな美男たちが活躍する映画を見せて、わが身を振り返ってもらいましょう。

07 相談

帰りが遅くなると罵倒する母

（19歳・女性）

母のことです。母は昔から私が逆らったり、口答えしたりすると怒るのではなく、寝込みます。私は罪悪感を覚え、いつしか母に口答えをすることはなくなりました。そのうち私が大学に入り、帰りが遅くなると、母はまた寝込むようになりました。私は午後10時前には帰るようにしていますが、それでも寝込んだり罵倒されたりします。私ももうすぐ20歳です。もう少し大人に扱ってほしいのです。

回答　一刻も早く家を出て！

あなたのお母さまは病んでおられると思います。視野が狭くなっていて、あなたに執着することでしか自分を保てないでいるのだと思います。あなたに対するこういった態度は愛情ではありません。つらいでしょうが、家を出てください。お母さまは今後、精神の自立ができるよう少しずつ自分で努力していかなければなりません。

お母さまも一人で暮らす努力をする。あなたも一人暮らしを始める。そこからスタートしてください。なるべく、今の家から遠く離れた所のアパートにしてください。なかなかお母さまと会えない場所を選んで暮らしてください。19歳はもう立派な大人です。アルバイトをしてもよいですし、手に職を持つための訓練をしてもよいでしょう。

一刻も早くお母さまの元を離れてください。

あなたは自由になるべきです。そして自由の厳しさも知り、遠く離れた母親を客観的に見る目を持つ。そして毎日働いて勉強し、自立してください。そして、そこからもう一度考えてみてください。あなたはお母さんのことが嫌いなはずです。いろいろな人がいていろいろな人生があります。自分が母親を嫌いになってはいけないという強迫観念から逃れてください。**娘を自分の持ち物のように思い、いつまでも自立させずに縛ってしまう母親は誘拐犯と同じ、もう母親とは言えません。嫌っていい**と私は思います。

家を出て、働いて、勉強して、自立する

娘は親の所有物ではない。
あなたが親元を離れて自活することで、
母親も精神的に自立することができます。

08

相談

話が面白くないと母に言われトラウマに

（33歳・女性）

母から唐突に「あなたの話は面白くない」と言われました。自分でも面白い話ができる人間だとは思っていませんが、母のなかで今まで積もり積もった不満が爆発したように思えました。他の人も母と同じように思っているのかもとか、今まで自分は相手を不愉快にさせていたのかもと考えてしまい、人と接することが怖くなりました。相手を不愉快にさせないように話をするにはどうしたらいいのでしょうか。

回答　そもそも親子に面白い会話は必要？

まず、どうしてお母さんはこんなことを言ったのだろう、ということです。あなたが今後面白い話を友人たちにできるようにしてやりたいという愛情からか。ただ、自分がカッとなってしまい、あなたに当たったのか。

私は若い頃、母に「お前は声が大きいから言い方がきつく聞こえる。怖いんだよ」と言われ、気をつけるようになりました。ただ、どうしても許せなくて今までためていたことを母が私に一気に言ってしまったので、普通より強い言葉で言われてしまったのを覚えています。

私が20年たっても思い出すのですから、あなたも相当にショックだったのだと思います。あなたが今お母さんと一緒に暮らしているのなら、**具体的にどんなところが面白くないのか、聞いてみたら**どうでしょう？　ちょっとした誤解があるかもしれないからです。

「今、その話をしなくてもいい、別なことを話すべきだ」「あなただけが独り言のように長々しゃべっている」「物を知らなすぎて肝心な話が微妙にずれている」「お母さんの話したい内容を全く理解できない」。以上に心当たりはありますか。

しかし、そもそも親子でそんなに面白い会話は必要なんですか？　私の母はリアクションが大きく、「お前の話は面白い」といつも言ってくれました。涙を流して笑ってくれました。お母さんに言ってあげてください。**「お母さんのリアクションが悪いから私も面白くしゃべれないの」**と。

なぜそう思うのか聞いてみる

「面白くない」だけでは、売り言葉に買い言葉。内容に問題があるのか、話題がずれているのかなど、具体的に理由を聞いてみましょう。

09 相談

俺様な夫に仕えてきた人生に涙

（80代・女性）

夫は86歳。趣味なし、友なし、家が大好き。上から目線の態度で、俺様第一のご機嫌な余生を堪能しています。結婚当初、男は女房を泣かして一人前と言ったので、絶対に泣くものかと頑張ってきました。限界と思いながら、出て行く先もお金もなく、あまり先のないこれからを思うと涙が出ます。日に日に夫への恨みつらみが増すばかり。心安らぐすべはどうしたら得ることができますか。

回答　離婚するか、家出するしかない

86歳で性格や価値観が変わるということはほとんどないでしょうから、このままでいると、泣き寝入りするしかないでしょう。私の母もよく**「1年でよいから父ちゃんより長生きしたい」**と言っていました。1年でよいから自分のためだけの自由な暮らしがしてみたいと言うのです。そして今は結局、両親とも老人ホームで暮らし、母も父をそんなふうに言ったことさえ忘れ、まるで幼なじみの小学生のように仲良くやっています。

80代のあなたも私の両親のように認知症になって、恨みつらみで泣いていた日のことなど忘れて、横暴な夫と介護施設で暮らすようになるかもしれません。ですから、**のびのび自由に暮らそうと思ったら、今、出発するしかありません。**

すぐに離婚するか、家出するしかないと思います。年金はもらっていないのでしょうか？　まず近くのビジネスホテルに1週間暮らすことはできませんか？　威張っている夫も1週間あなたがいなくなれば生活に困って改心しないとも限りません。今どれくらいお金をお持ちですか？　私の母と重なりますので、ひとごととは思えません。家出する当てがなければ、あなたに限って、1週間なら私の家に来ていただいても大丈夫です。仕事で忙しく、食事などはお出しすることはできませんが、寝泊まりはできます。

とにかくまず夫を懲らしめるために、すぐに家を出てください。そして離婚の準備を整えましょう。

自由になるチャンスを逃さない

このままでは泣き寝入り。
限りある人生、
今すぐ行動に出ましょう。

10 相談 長年介護してきた母を亡くし、無気力に

（57歳・女性）

７年以上、遠距離介護をしてきた母を昨年末に亡くして以降、やる気が起こりません。パートの仕事も趣味の読書や映画鑑賞も再開できず、「どうしたものかな」と日々過ごしています。このままではいけないと思いますが、どうすればよいか分かりません。主婦業は普通にこなしています。

回答　何もせず、何もしない自分を許す

まずはゆっくりと休んでください。

身を粉にして尽くした後に、心に穴が開いた気持ちになるのは当然です。肉体も精神も、せねばならないことに集中させるため、他の欲求を消してしまうように働いていたのです。**しばらく何もせずにゆっくりしていれば、自分が求める欲望がゆっくりと目覚めてくる**はずです。無理に何かをしなくてはならないと思うと、それができない自分を責めたくなってしまいます。

あなたは立派な仕事を成し遂げたのです。しかし、自由な世界と無縁な生活を送りすぎて今は疲れ、戸惑っているだけなのです。そんな自分を許すことです。本当にお疲れさまでした。

私も疲れすぎて好きなことができないでいます。**つらく厳しい仕事を続け、好きなことは後でやろうと思っているうちに時間がたち、できない年になってしまって**います。しかし、それでもやらなくてはならないことは人生でいろいろとさまざまに起こり、逃げることはできません。ようやく休める時が来たのです。その時はつかの間かもしれません。だからこそ**何もせず、何もしない自分を許す**のです。

誰かのため、何かのために生きることしか人はなかなかできないものです。自分のために何かをしてもつまらないものです。誰かの喜びや感謝がないと生きるかいがないように思えます。

孤独とは、そんなふうに喜んでくれる相手が誰もいないということなのかもしれません。

好きな映画を見てもいいな、と感じるようになった時、何か小さな光るものが見つかる気がします。

身を粉にして尽くしたのだから、ゆっくり休む

今は疲れているだけ。
自分を責めず、何かをやろうという気持ちが湧いてくるまで、待ちましょう。

認知症の両親を遠距離介護しながら思うこと

母は転んで腕を折り病院に入院したあたりから認知症がひどくなった。ごはんを一升も炊いてカビが生えたままにしていたり、正月に帰ってもおせち料理ではなく、スーパーで買ったハムと漬物とから揚げだったり、春の山菜の時期に帰っても「ええ？今は春なのか？」と問い返してきたり。山形県の実家の2階に住む弟夫婦は共働きであり、父と離れて母は介護施設に入ることになった。病院が経営し、県内でも有名な、近代的な介護施設である。しかし、見舞うたびに母の表情がなくなっていった。

「娘さんが来るとお母さんは興奮して具合が悪くなるから、もう来ないでくれ。芝居のポスターを見ても興奮するから全部はがすんだ」

介護士の一人が私に言った。アルバムも、私の入れた炬燵《こたつ》も撤去された。「過去の思い出より、これからこの施設でつくっていく思い出のほうが大事なのだ」とも言われた。

ここでのエピソードは２０１７年に「鯨よ！　私の手に乗れ」という戯曲に書き、好評を得て、２０２０年９月に再演が決定した。

あまりに事務的な対応に我慢ができず、反対する弟と言い争いながら、私は小さくて家族的な施設に移ってもらうことに決めた。そこは温かい雰囲気で、昼間は母の得意な刺繍などの手芸もできる。劇団３○○（さんじゅうまる）を応援してくれていた、山形の知人の紹介だった。ケアマネジャーも親切な方であり、母に次いで父もその施設に入ることになった。

父は教員であったし、若い頃に軍需工場でゼロ戦のエンジンを作っていたという。年金は多く、入所金は父の年金だけで賄うことができた。だが、父が亡くなってしまったら母の分だけでは足りなくなると弟が言った。弟がすべての責任者になっているため、両親に何かあったら連絡は弟に行く。家族であっても、私には施設は連絡することができないらしいのだ。

それから2年後、両親の病状が違ってきた。母に24時間の介護が必要になったのだ。

母だけ違う施設に移ることになった。

この施設では夜に出歩かないよう、薬で寝たきりにしなくてはならなかった。ケアマネジャーは発奮し、車椅子で起きていられる別の施設を探してくれた。

一方、父は生まれ故郷に近い別の施設に移った。それから2人は離れ離れになった。移った先で胆石の手術をし、入退院を繰り返しているうちに父は声を失った。長い間しゃべらない状態が続いたので、声帯が退化してしまったのかもしれない。

入院前まではしっかりしていた父も物忘れが尋常ではなくなり、私を見る目も年上の他人を見る目に変わった。4年前に無理をおして一緒に出かけておいて本当に良かった。軍需工場で爆撃に遭い、19歳で亡くなった父の親友の墓参りである。宮沢賢治と、その親友であった保阪嘉内《ほさかかない》を研究している方が、山梨県にあったお墓を探しあててくださったのだ。保阪嘉内は『銀河鉄道の夜』のカンパネルラのモデルであるとされる。宮沢賢治の生涯を戯曲化した「天使猫　宮澤賢治の生き方」が縁で知り合った方であった。

あんなに心酔していた高村光太郎の話をしても、きょとんとしている父。こんな日が訪れるとは。私の今の仕事はほとんどが父の影響であったことが分かってきたというのに。

そして２０１９年の初夏、ようやく２人が一緒の施設で暮らせるようになった。

しかし、母にはもう父が分からない。父のほうは分かっているかもしれないが、言葉が出ない。

私は月に一度見舞っている。仕事の都合でトンボ返りの日もあれば３日間通う時もある。２人とも車椅子で歩くことができず、足の筋肉は弱り、むくんで膨れ上がった母のくるぶしに靴下の痕がくっきりとえぐれたように付いている。健脚だった父も筋肉のない棒のようなふくらはぎになり、かさついた皮膚から膿が出ている。

薬局で年寄りに評判の良いというクリームを買い、それぞれの部屋に置いた。一緒に住んでいれば毎日塗ってあげられるが、かなわない。

介護士さんたちも本当に大変だと思う。母が尿意を示す独特の顔をしたのでトイレに連れて行ったが、私一人では車椅子からいったん立たせて便座に座らせ、おしめを替えて、また車椅子に乗せるということがなかなかできない。これは本当にショックだった。施設は昔より男性職員が多いと感じたが、それも頷ける。しかし、分かっていても、母が用を足すのを男性職員が見守っているというのにショックを覚えた。3歳児のようになっている母だが、娘にとってはやはり母だ。

お互いの欠点も長所も知りぬき、大げんかしてもまた翌日は「おはよう」と言って朝ごはんを共に食べる家族。切っても切れない自分の内部と戦うような家族との関係。誰しもが家族にこだわり悩みを抱えている。こだわるという感情が憎しみに変化し、そこから逃れられないからこそ、さらに苦しみもだえる。単純ではない「愛」の川が家族との間にいつも流れている。春の小川のように快感をもたらしたり、激流となって攻め立てたり、川はいつも私たちの血管を流れている。

食べ物の差し入れを持っていくと今でも必ず、先に私の口に入れようとする母。近くで介護することもできない親不孝な自分。

なぜもっと優しく接してこなかったのか。なぜもっと話をしなかったのか。仕事優先で親を顧みなかった自分にあきれ、後悔している。

第2章

したたかに働く

仕事の戸惑い

11 相談 子どもたちの言葉に傷つく

（53歳・女性）

学童保育の指導員をしています。子どもから「うるさい」「あっち行って」「キモい」「うざい」などと言われ傷ついています。子どもが好きで選んだ仕事でしたが、私の思いが子どもに伝わらず、残念です。そのような言葉に大人だって傷つくことを伝えても、子どもの心には響きません。どう子どもと接したらいいか、分からなくなる時があります。どうしたら、楽しく子どもと過ごすことができるでしょうか？

回答　目に余る暴言は、見過ごさずに叱る

子どもの無垢《むく》な心に色を付けていくのは大人です。もともと動物的な存在を人間にしていくのも大人の役割です。子どもたちがあなたを傷つけるような悪口雑言を吐くのは、その子どもたちの親や周りの大人たちの責任だと思います。家庭の中で親や周りがそういう言葉を使うので、子どもがマネをしているだけでしょう。

私も昔、「ブス」とか「ブタ」とか通りがかりの子どもたちに言われてショックを受け傷つきました。若い頃だったので血気盛んで、子どもの後を追いかけて、謝らせたことがあります。

その子どもの親や周りが、同じような暴言を吐く人間なら、**指導員の仕事の時にあなたが諦めずに子どもたちに何度も何度も教えるしかない**

と思います。時には強く叱ってもよいのではないでしょうか？

せっかく子どもが好きで就いた仕事です。ここでやめてしまうのは残念です。数人の乱暴な子どものために天職を失うのは切ないです。

中には心の優しい、愛すべき子どもたちがきっといるはずです。1人の力の強い子どもに従わざるを得ない状態かもしれません。よく観察してください。本当にあなたのことを嫌がっているのか、言わされているのか。子どもたちの精神状態を細かく観察してください。そして、**1人の天使を見つけたら笑って**ください。笑顔を絶やさず子どもたちに接していただけますようお願いします。

叱っても、笑顔は絶やさない

キモい、ウザい……。
そんなことを言ってはいけないと教えるのは、
指導員や周りの大人たちの大事な仕事。
愛すべき子どもたちに笑顔で接してください。

12 相談 夫の仕事が続かない

（39歳・女性）

夫の仕事が続きません。キャリアにプライドがあるようで、いつも辞める原因は会社にあると言います。次々に仕事を変えては不平不満を漏らし、自分の正しさを説きます。私も仕事に不満はありますが、子どもがいるので辞められません。少しは辛抱すれば何か見えるかもしれないよ、と思うのですが、口に出せません。そろそろ疲れてきました。いつかカラッと晴れ渡る空のような日が来るのでしょうか？

回答　あと10年、好きにやらせてみる

ご主人は正義感の強い方なのでは？　お仕事が建築士だとのこと。曲がったことが大嫌いで、金もうけのためにずる賢いやり方を強いられるとカッとなって仕事を辞めてしまうのでは？

現代は格差も広がり、今までの価値観や、正義のあり方では通用しない世の中になっています。私など、正義感の強い田舎の両親に育てられた者にとっては、とても生きにくい世の中です。**正しいと思う自分の考えを主張しながら仕事をやっていくのはしんどい**もので、夜中に枕をぬらすこともしょっちゅうです。そして生きるためには、好きな演劇を作っていくためには、我慢しなくてはならないことが山ほどあるわけです。私はご主人がうらやましい。辞めても辞めても次の仕事が見つかり、すてきなあなたと

お子さんに恵まれている。そして、まだ若い。あと10年はご主人の好きにやらせてみたらいかがですか？

会社の中の小さな不正や、中身のない上司などとご主人は戦っているのだと思いますよ。ご主人の理解者はあなただけ。もやもやと霧が晴れないのは、あなたのほうが正義感が強く、夫のために自分自身の考えを封印して我慢して働かなくてはならないから。本当は、あなた自身が矛盾だらけの世の中と戦っていきたいからなんだと思います。そのことをご主人に伝え、**夫婦で半分ずつ我慢して、お子様に理想の社会に対する考え方を伝えていく**しか今は方法がないかもしれません。

夫婦で「思い」を分かち合う

生きにくい社会への不平不満は２人で共有。
その上で、わが子と理想の社会について語り合いましょう。

13 相談 初めての後輩指導に不安を覚える（23歳・男性）

4月から社会人2年目です。この1年間は先輩方に丁寧に指導していただき、しっかりと仕事を覚えることができました。しかし、2年目として後輩にうまく指導できるイメージが持てません。また「もう2年目なんだから」と、求められるハードルも高くなると思うと不安になります。初めての後輩を迎えるにあたり、気をつけるべきポイントや、うまく指導するコツなどあれば、教えてください。

回答　ミスをしたら叱り、うまくできたらほめる

あなたが、先輩から受けた指導に感謝していて、後輩に対して愛情を持って指導したいという気持ちがあれば、それで十分だと思います。**うまくやらなければならないとか、2年目なのだからちゃんと指導しなければとか、仕事の内容以外のことは考えないほうが良い**のでは。やる前からいろいろと考えすぎると、やってできなかった時の落ち込みも大きくなります。まずやってみることです。

相手の言い分を聞いてやることも大事ですが、**相手がミスをしたら、叱ることも大事**です。うまくいったらほめる。当たり前のことですが、緩急をしっかりつけることです。うまくいっても失敗しても先輩が同じ態度では後輩も張り合いがなく、被害妄想になってしまうかもしれません。そして、

具体的な自分の失敗談などを交えて注意すれば、ストーリーと一緒に覚えられて、後輩には伝わりやすいのではないでしょうか。

そして一緒に食事したりお酒を飲んだりして、たまにはごちそうしたらどうでしょう？　気の張らない、安い立ち飲みのカウンターで、おごってやりながら悩み事の相談に乗ってやってください。**田舎から上京したての新人だと友達もできにくく孤独な暮らしをしている場合があり、小さなことと思える出来事で大きな悩みを抱えている**ことがあります。その話をただ聞いてあげることだけでも、立派に先輩の役目を果たすことだと思いますよ。

時には食事やお酒を共にして、悩み事の相談に乗る

愛情を持って指導したいという気持ちあれば大丈夫。
たまには後輩にごちそうし、
じっくり話を聞いてあげることも、立派な先輩の仕事です。

14

相談 畑違いの部署に左遷され、無気力な日々

（48歳・女性）

ＩＴ企業の中間管理職です。新事業のため昼夜なく心身を削って尽力しましたが、事業が軌道に乗ったこの春、畑違いの部署に左遷されました。直接かかわりのない上層部に嫌われたためです。今、新部署で無気力な日々を過ごしています。心新たに頑張っているように振る舞っていますが、意欲が湧きません。転職するほどの技能はなく、定年までを悔いなく過ごすには、どう気分を切り替えればいいですか。

回答　私も似たような目に遭っています

お気持ち本当に分かります。すべてを犠牲にして取り組んできた仕事を、上司の一言で奪われてしまったあなたの気持ちに大いに同情します。

私も、似たような目にしょっちゅう遭っている人間です。男性の上司は、真面目な努力家で正義感の強い女子より、ちょっとだらしがないナヨナヨした女子のほうを評価したがるようです。必死に頑張って努力したのに、**努力もせずに好かれた人間がのし上がっていく。そんな理不尽と戦いながら枕をぬらす日々。これが仕事人間たちの悲哀**なのでしょう。

しかし、どんな人と出会ってどんな仕事を務め上げるのか？　運不運や偶然の風もあるのです。高校生の頃に森鷗外の『阿部一族』※を読んで、世の中には正義や良識などとはかけ離れた何ともしがたい人の感情や癖があり、そ

※『阿部一族』（岩波文庫、角川文庫、新潮文庫ほか）
殉死を許されなかった肥後国の細川藩士、阿部弥一右衛門。武士の意地を貫こうと独断で切腹。これに端を発し、阿部一族が全滅するまでの悲劇を描いた森鷗外の代表的な歴史小説。初出は「中央公論」（1913年）。

れらとの付き合いが人として生きる上で一番厄介なものなのだと知りました。ですが、そんなことを机上で言っていても、明日はまた来て、生きていかなければならないのです。

有給休暇をとって、好きなところに一人で旅行してください。海、星、森、それらの永遠のような営みを見つめて、泣き暮らしてみてください。**絶対にまたやろうという気持ち**が起きてきます。あなたはかなり力のある方です。別な部署で、やりがいのある仕事を見つけることができるはずです。ただ、今は何もせず、人とは違う物を見つめてください。

人生は運不運、偶然の連続。今はゆっくり休んで

左遷され、無気力になったら
思い切って一人旅に出る。
じきに、やる気が湧いてきますよ。

15

相談 大学を出ても働かない娘を何とかしたい

(60歳・女性)

私の娘は一人っ子で、私立大学の人文関係の学部を6年かけて卒業しました。それから1年、アルバイトもしないで一日中ゴロゴロとしています。私もこの春に定年を迎えて再雇用になります。生活費くらいは娘自身が働いて出してほしいと思います。大学を4年で出て働く人からは3年遅れていますので、就職活動にためらいが感じられます。働く方向に導きたいのですが、良い方法はないでしょうか。

回答　覚悟を決めて突き放す

娘さんに何らかの病気や精神障害があれば話は別ですが、もし、そういった問題がなければ、**家から放り出したほうがいい**と思います。働く喜びを感じてほしいとお母さんが思っても、食うために働くという切迫感がなければ続かないと思います。

私も演劇を続けるためにいろいろなアルバイトをしましたが、大変な仕事が多かった。**ぬいぐるみの中に入って車の荷台から手を振っていたら、貧血を起こして倒れた**こともありました。ホステスのアルバイトも酔客が胸やお尻を触ってくるので、ごまかすために歌を歌ったりと、お金を得るための仕事は決して楽しいとは言えません。どのアルバイトも一生懸命、真面目に働きましたが、それは演劇を続けるため、食っていくためでした。

今も**楽しいと思える仕事は、お金にならない**仕事ばかりです。娘さんも仕事の大変さをきっちり体験し、一人で暮らしていく必要があると思います。お母さんも娘さんがいない寂しい暮らしになると思いますが、覚悟を決めて突き放すべきです。

自分で働いたお金で家賃を払い、食事をし、お母さんに少しでも仕送りすればいいと考えます。そしてお母さんが喜ぶ顔を娘さんに見てほしい。お母さんの愛情を娘さんが感じられれば、娘さんもお母さんも幸せです。

今、自分のことしか考えられない娘さんは本当に気の毒です。

自分のことしか考えられない人生は寂しい

娘さんには家を出て働き、仕送りをしてお母さんを喜ばせてほしい。
人は、誰かを喜ばせるために働くのです。

16

相談

職場の若い子がうらやましい

（52歳・女性）

職場の若い子がうらやましいです。ほしいものは素早くつかみ、やりたくないことはしない。頼んでも損なことはすり抜けて逃げる。とてもしなやかです。まぶしい存在です。

私は若い頃、どれほど人の言いなりになったか分かりません。嫌な同僚が参加する社員旅行にも、無理して行きました。我慢しなければならないと思っていました。今もなお、ＮＯと言えないままです。損は膨らむばかりです。

回答　ものごとを損得で考えると、人生はつまらない

本当に損していると思いますか？　周りのみんなが、あなたの真面目さに感謝していると私は思います。

若い人をうらやましいと思っているとおっしゃいますが、もし、あなたが要領よく簡単な仕事だけをこなし、何でも自分の都合の良いようなやり方を進めたら、あなた自身が後ろめたくなって熟睡することもできなくなると思いますよ。あなたをしっかり見ていてくれる人は、絶対にいます。

ただ、嫌いな人が一緒に行く旅行にも無理して行った、という部分が気になります。セクハラをするような先輩や同僚なら我慢してはいけません。会社のリーダーや弁護士にきちんと相談して改善したほうが良いと思います。

弱い立場の者がいつも我慢せざるを得ない時代はそろそろ終わろうとして

いると思いたいです。**勇気を持って声を上げ続けることが必要**だと思います。小さい声でも集まれば大きくなります。

ものごとを損得で考えると人生つまらなくなってしまいます。何を目的として暮らしていきたいのか？　私も年を重ね、昔と違って、稽古場で自分でお茶をいれたり、さまざまな買い物をしたりと、演出などをしていても自分のことは自分でやる時代になりました。でもそのほうが運動になるし、ボケ防止にもなるのです。

損して得取れ。未来を考えてみましょう。

目の前の些事《さじ》より、未来を見つめる

若い人をうらやむよりも、
あなたの実直さに感謝している人の存在に気づいて。
そして、何を目的に暮らしていくかを考えましょう。

17

相談

勤続14年。転職を考えるが不安

（37歳・女性）

今の事務職の仕事は勤めて14年になります。昨年、上司が定年退職して仕事環境が変わり、今まで行っていた仕事の大半は別の方がするようになりました。私はだんだんと自分の居場所がないと考えるようになり不安になりました。そして、転職という道を選択してもよいのではと思っています。朝が来るたびに不安な気持ちにかられる毎日を終わりにするためには、決断すべきでしょうか。

回答

転職するなら、今！

思い切って転職してよいと思います。

37歳の今なら、一から新しい仕事を始めても大丈夫だと思います。というのも、私の主宰する演劇集団の制作担当の募集に**50歳を超えた女性たちが応募してくださる**のですが、**今までの価値観を変えることができずに苦心する**姿をいつも見ているからです。仕事に遅刻して来た時などに私は強く叱る場合がありますが、それだけで辞めてしまったり。**50歳を過ぎて人に叱られるということに耐えられない**のだと思われます。前の仕事が長ければ長いほど、その仕事のやり方を突然変えることは困難になってくると思います。

一人で自分のペースで仕事をこなしてきた人ほど、他の人と連携することが不得手になっていたりします。年齢を重ねるごとに頑固になっていく方が多いように見受けられます。40歳までに転職したほうが新しい環境に慣れるのも早い気がします。

職種によっては年齢が高いと断られる可能性が高くなってきます。面接をするほうも先入観ができてしまうからです。新人なのに謙虚ではなく、若手に対して威張っているのに素早く仕事ができない、口数だけは多くて給料は高く要求し、ミスしても決して謝らないといったイメージを、どうしても持ってしまいます。きついですかね？

転職するなら、今。やりがいがあると感じ、自分をもっとアピールできる仕事がきっとあると思います。

柔軟に対応できるうちに転職を

年齢を重ねるごとに、人は頑固になりがち。
職種によっては、年齢が高いと断られることもある。
新しい仕事内容や環境に慣れるためにも、
40歳までに転職しましょう。

18 相談 老人ホーム勤務で不安な日々

（33歳・女性）

老人ホームで働いています。老人虐待のニュースをテレビで目にするたびに、気持ちが分かってしまう自分がいます。オムツ交換中に顔をたたかれ、激しく抵抗され、いつか私もテレビの向こう側に行ってしまうのではないかと考えてしまいます。老後を穏やかに安心して生活したい方のお手伝いがしたくて仕事をしていますが、逃げ出したい気持ちもあります。続けるべきでしょうか？

回答　虐待しそうで怖いお気持ち、よく分かります

本当に大変でしょうが、辞めないでください。

今あなたのような若い才能が必要です。

虐待してしまいそうで怖いという気持ちは、本当に分かります。

私も両親が介護施設のお世話になっており、施設が変わるたびに介護士の方たちのご苦労を目の当たりにしてきました。

最初の施設では私が介護士の方と大げんかになり、号泣したこともあります。**大勢の認知症の入居者の面倒を、交代でも24時間続けるのは並大抵の苦労ではありません。**

過酷な仕事に疲弊する方もいました。母が介護士さんに抵抗するので「つらい」と私に訴える方もおられました。下痢をした母のおしめを何度も替え

る作業を見て、申し訳なくて何度も手を合わせました。実の娘でも大変な作業で、本当に頭が下がります。

別施設に移った母は今、笑顔で暮らしています。母も愛情を感じるのか、手拍子を打ったり、自分の名前を名乗ったりして喜んでいます。

暴力的になったら、手を握って目を見つめてあげていただけませんか？

母は耳も遠く、少しのことで不安になったり、泣いたりしますが、手を握ってこちらが笑顔になるとまねして笑ってくれます。

いいこともあると信じて我慢していただけませんか？　少しでも休みを取り、楽しみを見つけて頑張っていただけないでしょうか。両親の面倒をみられない私のような親不孝を許してください。ごめんなさい。

親の面倒をみられない私のような者を許して

介護士の方々のご苦労には、本当に頭が下がる思いです。
休みを取ったり楽しみを見つけたりして、
どうか仕事を続けてください。

19

相談

報道記者を目指し、はや就職浪人2年目

（22歳・男性）

就職活動2年目の大学4年生です。なぜ2年目かというと、やりたいと思えた仕事を見つけたからです。目指しているのはテレビや新聞の報道記者です。教授の話を聞いてピンとくるものがありました。しかし、うまくいかず本当にその仕事に就けるのか不安です。他の仕事も見るべきでしょうか。両親は私に対して特に何も言いませんが、家の雰囲気も悪くなっているような気がします。

回答　何年かかっても、諦めないで！

私はこのまま諦めずに突き進んだほうがいいと思います。今、報道の世界はきびしく、マルタのダフネ・カルアナガリチアさん[※]のように正しい報道をしようとして殺害されてしまった方もいます。ダフネさんは亡くなる１週間前に**「もし、私の身に何か起こっても、この仕事に就きたくないと思ってほしくない」**と語っていたといいます。この死を恐れぬ正義感に脱帽し、胸をうたれます。

東日本大震災で原発事故が起こった時、映像を見てもう日本は絶滅すると思いました。もう終わりなのだと……**あの時の気持ちを思えば何でもできると思った**のに……今の日本はどうでしょう？　あの事故を忘れてしまったようではありませんか？　テレビ朝日の記者へのセクハラ問題も、報道の

※ダフネ・カルアナガリチア（１９６４〜２０１７）
地中海の島国、マルタの国際女性ジャーナリスト。ムスカット首相周辺の汚職疑惑を追及中、何者かに仕掛けられた自動車爆弾で爆死する。

仕方によっては女性記者がとがめられる立場に追い詰められてしまったりもする。そんな報道では次の防止にはならないでしょう。

報道の記者には公平や平等のバランス感覚が必要です。**常に少数者、弱者の立場に立って報道していく記者になってほしい**と切に願います。なぜなら弱者は声を上げにくいからです。その感覚を磨こうという意思があるなら、何年かかってもこの仕事に就くべきです。入りたい所に落ちても報道の仕事はたくさんあります。東京だけではなく日本各地や海外での仕事も意義があります。あなたの未来の世界は広く大きく果てしないもののような気がします。

弱者の声をくみ上げる報道記者になってほしい

報道記者になりたいという強い意思があるなら、
日本はもちろんのこと、
世界中に活躍の場は広がっています。

20 相談 何をやっても自信が持てない

（51歳・女性）

自分が役に立たない人間である、という思いから抜け出せません。子どもの頃から何をやるのもゆっくりで、両親も大事なことはすべて年の離れた兄と姉に任せ、私はぐうたらに育ちました。今23年間、専業主婦です。地域の行事を手伝おうとして、共同作業になるとテキパキと動けずに自己嫌悪になって落ち込みます。こんな私が自己肯定感を持つためには、どんな場所で、何を目指していけばいいでしょうか。

回答　介護士の資格を取ってはいかが？

あなたは本当に人の役に立ちたいと思っているのですね？　今の自分が全く人の役に立っていないと感じるとおっしゃいますが、**結婚もされ専業主婦を23年もやってこられたのですから、どなたかの役に立っていることは間違いありません。**人は気が付かないうちに人の役に立っています。周りの人とテンポの合わない人も、それはその方の個性として捉え良い方向に持っていくことも必要かと思います。

例えば、**介護士の資格を取ったらいかがですか？　51歳でしたら、今資格を取っておけば20年以上働ける**のではないでしょうか。私の両親は介護施設に入っているので、介護士さんたちの優しさが身に染みてうれしく感謝しています。

若い頃はせっかちでくるくると立ち働いていた母親も、ゆっくりの動きになり、言葉もこちらがゆっくりと顔を見ながら耳元で話さないと理解できなくなっています。

他の人のように素早く仕事ができないと悩んでいるあなたに最適な仕事だと私は思います。つまり、相手の立場になって行動できるからです。お年寄りたちが思うように早く動けなくてイライラしている気持ちを和らげてあげることもできるし、相手に合わせてゆっくりと手伝ってあげることもできるではありませんか？　高齢社会、しかも人手不足の介護の世界で、あなたはさまざまな方たちの役に立つことができるのです。

誰かの役に立つ仕事をすることが、あなたの居場所をつくる

人は意外と誰かの役に立っている。
資格を取って、特技を可視化するのも次へのステップになる。
超高齢化社会の今、介護士の仕事はおすすめです。

夢見る仕事はお金にならない

18歳で上京して池袋の演劇学校「舞台芸術学院」に入って、さまざまなアルバイトを続けながら3年間通った。

このとき週2日働いた池袋のおでん屋さんは、時給400円の時代に600円という破格であった。舞芸の同期3人と組んで働かせてもらった。

それから「青俳」という劇団の演出部に移った。木村功さんがリーダー的な存在で、映放部には蜷川幸雄、石橋蓮司、緑魔子らがいた。舞芸時代から作・演出、そして舞台美術や衣装を手がけていたので、青俳の方から演出部に誘われたのだ。演技実習を舞芸の実技担当の兼八善兼《かねはちよしかね》先生が指導されていたこともあったと思う。

私はスタッフとして1年間に13本の芝居につき、月3万円の給料だった。交通費を引くと赤字である。学生時代に貯金していた60万円は使い果たしてしまった。修業と思って頑張っていたが、役者たちは稽古が終わるとそそくさとアルバイトに出かけてしまって、演出部の私だけが居残って作業する。舞台監督たちと徹夜の作業も続いた。この時にアルバイトを休んで舞台セットを共に作ってくれた数人の役者たちの顔を、今でも忘れない。

当時はスタッフに女性がいることの珍しい時代で、どの現場に行っても女性は私一人だった。稽古場で雑魚寝して、1週間装置を作り続ける。若い女性には過酷な面がいろいろとあった。ことあるごとに「だから女は……」とか「女のくせに」という言葉が飛び交った。

経済的にやっていけなくなったことと過労で体を壊したことの両方で、兼八先生と一緒に社長に会いに行き、現状報告した。その時に社長に言われたのは「お疲れ様、よくやってくれた」ではなく、「本当は1本1万円のギャラだったから1年で13万円だった。これまで月3万円支払って合計36万円だから、差額の23万円を返してほしいくらいなんだ」だった。私はその瞬間に退団を決めた。20歳の時だった。

兼八先生が主宰する兼八事務所にスタッフ・キャストとして所属した後、23歳で舞芸の同期や後輩、青俳の仲間たちと劇団3〇〇を旗揚げしてからも、演劇の仕事で食えたことはなかった。もっぱらアルバイトを掛け持ちして生活費を捻出していたのだ。男性は土木作業員、女性は夜のホステスが役者たちの一般的なアルバイトだった。

ホステスのアルバイトでは、時給400円の時代に850円もいただけたが、仕事がハードなので、芝居の稽古が長引いた時や新作を書き上げる時はすぐに休みを取っていた。しかし、お客様と話を合わせるためにさまざまな男性週刊誌を読み、それまで興味のなかった政治やスポーツなどの知識を得、お客様の愚痴を聞きながらサラリーマンの悲哀や、中年男性の家庭での疎外感を知ることになった。この10年のホステス経験が、岸田國士戯曲賞を受賞することになった「ゲゲゲのげ 逢魔が時に揺れるブランコ」を書かせてくれたのだと思う。

池袋のおでん屋のママは、私の作る芝居を誰よりも多く見てくれている。舞芸の発表会から歌舞伎の演出、コンサートまで、あらゆる作品に忌憚のない意見や感想を言ってくれる。農協の事務員だったママがおでん屋を開業した時の募集で入ったのが、私だった。

あれから50年近くたつ。お客様への礼儀、お礼の仕方、料理の基本、すべて厳しく教えてもらった。泣きながら大根の千六本切りの練習をした頃が懐かしい。お腹がすくとごちそうになり、洋服もたくさんいただいた。芳村真理さんのテレビのトーク番組に初めて出演した際、私が着ていた服はママに借りたものだった。その時、私は沢田研二さんのファンだと言って泣いたらしく、真理さんが沢田さんに伝えてくれたのがきっかけで、沢田さんが私を知るようになったという思い出がある。

28歳の時に岸田國士戯曲賞をいただいてからは執筆の仕事が増え、徐々にアルバイトを減らしていった。１９８３年にＮＨＫドラマ「おしん」でテレビに初出演し、田中裕子さんをいびる兄嫁をやらせていただき、３カ月滞納していた2万８０００円の家賃を払うことができたのだった。

いつもお金に困っていた。劇団員に借金したり、実家が東京にある劇団員の家でごちそうになったり。ママの旦那様に借金したこともある。戦時中にゼロ戦のパイロット指揮官だったという旦那様は、58歳で自衛隊を定年退職した後、東銀之助という芸名で劇団３〇〇の劇団員になる。飛行隊ブルーインパルスで曲技飛行を見せ、ピッツという美しい飛行機を乗りこなせる唯一の飛行士だったが、73歳で大腸がんによりこの世を去った。最後の言葉は「頭ごなしに若者を叱るんじゃない、まず話を聞け」だった。

あれから24年間、ママは一人暮らしを続けている。今でも交流があり、時々会いに行っては思い出話をする、なくてはならない方である。現在ママは78歳。80歳になるまでに、一緒にスペインのサグラダファミリアに行く約束をしている。毎年「行こうよ！」と誘うのだが、最近では「手術したからもう無理だよ」と笑いながら言う。

何が仕事でアルバイトなのか？　今や境がはっきりしない。

食える作業を仕事というなら、こんなに忙しい毎日なのにほとんど仕事をしていないということになる。日本劇作家協会の仕事も、戯曲を書く仕事も、演出も、お金にはならないが時間は多くかかる。作詞や歌の練習もそうだ。

働いてお金を得るということは、本当に大変なのだ。64歳の今日でも、思うように稼げないではないか。しかし、働くのが好きらしい。特に、ただ働きが大好きということになってしまう。

夢見る仕事はお金にならない。

第3章

恋と友情の悩み

しなやかに愛する

21

相談 付き合って1年、結婚を望んでいるが相手にされない

（22歳・女性）

恋人との会話で「結婚」の話題を出すのはNGなのでしょうか。私は結婚や子育てに憧れがあり、今の恋人と結婚したら……と想像することがあります。まだ付き合って1年でお互い学生ですし、今の恋人と絶対に結婚したいと思っているわけではありません。しかし、彼の前でそういう話題を出すとどうも結婚してくれと言っているようにとられてしまい、苦笑いされます。私は重い女なのでしょうか。

回答　もっと自由に遊んでみては？

男性に迫られるたびに**「ということは結婚するんですよね？」**と言っていた若い頃の自分を思い出しました。そうするとたいていの男性は、迫るのをやめたものでした。

そして、相思相愛になってお付き合いとなった時には**「もし、（歌手の）沢田研二さんに見初められたら、その時はお付き合いをやめますけれどよいですか？」**と真剣に聞いていた自分がいました。

重い女だと相手が思おうと「結婚」を意識してしまうのは、**大部分の女性たちの当然の心理**に違いないのではないでしょうか。

しかし、64歳の今になって振り返ると、もっと自由に遊んで、男性ともたくさんお付き合いをしていればよかったと思います。そして、若いうちに子どもをたくさん産めばよかったと思っています。

どんなに苦労しても、子どもを産み育てるというのは人間の生きる目的の一つですよね。子どもを育て、仕事も続けている女性を見るとうらやましいし、尊敬もします。

そう考えると、「結婚」と言葉に出さずに付き合って、子どもを産んでしまったらどうかしら？　と考えてしまいます。だから、あなた自身が「結婚」を重く考えずに、もう少し軽く考えたほうが先の幸せにつながる気がしてきます。重く考えすぎた自分の人生の反省を込めて、助言する次第です。

「結婚」を重く考えすぎない

もう少し「結婚」について軽く考えたほうが、
先の幸せにつながるかもしれない。
「結婚」と口にせずに付き合って、若いうちに
子どもをたくさん産むという道もあります。

22

相談

30歳上の彼と結婚したい私はファザコン？

（23歳・女性）

30歳以上年上の彼と結婚するか迷っています。私は大学4年生、彼は50代のバツイチで男手一つで3人の子どもを育てました。付き合い始めて3年、彼を心から愛しており、結婚の話もしています。ですが、彼と結婚したいというのは自分が子どもでいたいだけではないかとも思うようになりました。実父とは疎遠で、父親代わりを求めているのではないかと感じるのです。彼と何を話し合えばいいのでしょうか。

回答　一日も早く一緒になればいい

3年も付き合って、愛し合っているのなら結婚に躊躇《ちゅうちょ》する必要はないと思います。ご自分がファザコンでずっと子どものままでいたいと思っているのかもしれないと言いますが、それのどこが悪いのでしょう？　子どものままの気持ちでいられるなんて幸せです。頼りがいがあり、甘えられる男性ということですよね？

悔しいけれど、男性は50代でも60代でも子どもを作ることができますから、あなたもすぐにお母さんになって、子どものままではいられなくなるかもしれませんが、そんな気の合う人がいるのなら、そして、彼のために早く一緒になりたいと思うのなら一緒になればいいではないですか。

あと30年で彼は80代。あなたは50代。後半は、あなたがしっかり働い

て彼を養ってください。前半は甘え、後半はあなたが介護する。バランスのとれた結婚だと思います。

唯一の心配は彼のお子さんとの関係です。彼はあなたの夫であり、成人したお子さんたちの父親です。３人のお子さんはもう成人しているので本当は何の問題もないばかりか、老後の面倒もあなたにみてもらえるから本来は大感謝なのですが、親を理想化したい子の心は複雑なものです。

お子さんたちとも何かあった時に助け合う関係でいられるよう、若いあなたが声を掛けて交流できればと願っています。

前半は彼に甘え、後半はあなたが養う

3年も付き合って愛し合っているなら、
ぜひ一緒になってほしい。
年の差30歳のカップルは、
長い目で見ればバランスの取れた結婚です。

23

相談 処女でない女性を毛嫌いしてしまう

（26歳・男性）

処女ではない同世代の女性を汚らわしいと考えてしまいます。性交体験があるにもかかわらず、偏った考えに固執する自分にたびたび嫌気がさします。しかし、どうしても受け入れられません。幼い頃に両親が離婚し、嫌な思いをしてきました。親と同じことを繰り返したくないと思うたび、学術的に離婚率や浮気率が高いという処女ではない女性を毛嫌いしてしまいます。この気持ちを持ち続けて大丈夫でしょうか。

回答 あなたは人間の本質が見えていない

あなたにお尋ねしたい。人を好きになったことがありますか？

私なら、あなたを愛するならあなたが童貞でもそうでなくてもかまいません。あなたという人間を愛しているので、女性と何人セックスしていても、まるで経験がなくても、好きなものは好きだから一緒にいたいと思うでしょう。

マクロン仏大統領※は高校生の頃の恩師と結婚したそうですが、相手にはお子さんがいるのですから処女ではありません。パートナーが亡くなったり離婚したりした場合、あなたの論理だと一度結婚した方は二度と再婚できなくなります。そして残酷な目に遭って好きではない人から無理やり強姦《ごうかん》されてしまった女性などは、死ぬまで立ち直るすべを絶たれることになってしまい

※マクロン仏大統領（1977年～）
2017年に史上最年少の39歳で第5共和制の第8代フランス大統領に就任したエマニュエル・マクロン。24歳8カ月上の、高校時代の恩師と結婚したことでも知られる。

ます。**処女かそうでないか？　そこにだけこだわってしまうと全く人間の本質が見えなくなってしまいます。**

人間、同じ人はいません。**多様な恋をして多様な失敗を繰り返し、今を生きています。**性にだらしがないと陰口をたたかれている人にも、その人なりの複雑な事情があってそうしかできない場合もあるでしょう。真面目すぎたり機会に恵まれなかったりして、60歳を過ぎても処女の人もいるでしょう。人間みなそれぞれです。あなたが今の考えをどうしても捨てられないなら、あなたと同じ考えの処女と結婚してください。

人間の多様性を受け入れ、こだわりを捨てる

処女であるか否かにこだわると、
自らの視野も人生も狭めてしまう。
自分の考えを変えなければならないこともあります。

24

相談

「お前の人生、やばいね」と言われて

（30歳・女性）

先日、友人の結婚式で「お前の人生、やばいね」と言われました。男性、同世代で子どもが1人いる同僚です。結婚の予定がない私に対する言葉でした。にやにやして暴言を吐く同僚に心底あきれました。平均的な人生のルートをたどることが正しいという偏見を押しつけるのは愚かだと思います。ただ、言い返したら負け犬扱いされます。あほらしくて悲しいですが、どう対応すればいいでしょうか。

回答 「30歳過ぎ・未婚・子なしは負け犬」って何なの!?

あなたの気持ちがよく分かります。悪気がないというところが一番の罪ですよね。自分の主張が正しいと細胞の隅々までそう思い込んでいるのですから、死んでも直らないと思います。

30歳を過ぎて独身で子どもがいなければ負け犬だと思い込む。その価値観はどこからくるのでしょう。そして「負け犬」とは、何でしょう?

私も仕事中心で結婚が遅れ、ほしかった子どもにも恵まれませんでした。毎日泣き暮らし、友人が赤ちゃんの写真を送ってくると、狂いそうになりもしました。楽屋に子どもの写真を飾っている共演者に「どうか私の前ではしまってくれ」と頼んだくらいでした。しかし、子どもがいなくても独身でも、人それぞれにその人にしかできない仕事や役割があるばかりでなく、その人自体が唯一無二なのです。

マザー・テレサも独身で、自分の子どもではなく他人の子どもたちを救って死んでいきました。自分の思うままに生きた世界一の幸せ者だと私は思います。あなたを傷つけたそのオッサンは私の周りにも大勢います。私も毎日戦っています。その親父《おやじ》よりも絶対に幸せになりましょう。

「湯を沸かすほどの熱い愛」※という映画を見てください。同じようなことを言われた私が救われた思いがした映画です。人の幸せは、**人をどれだけ愛せたか、**なのかもしれません。**人を愛せないその親父は絶対に幸せにはなれません。**断言します。

※「湯を沸かすほどの熱い愛」
2016年公開の日本の映画。主演・宮沢りえ、脚本・監督・中野量太。余命2カ月の宣告を受けた母親が、娘と共に銭湯の再建に尽力する。

ただそこにいるだけで、人は唯一無二の存在

人の幸せは、
結婚や子どもの有無ではなく、
人をどれだけ愛せたかで決まります。

25 相談

同性の恋人のことを家族に認めてほしい

（27歳・女性）

私は同性愛者です。お付き合いをして5年になる彼女がいます。しかし、私の両親や家族は古い考えのため、同性愛を認めていません。テレビに登場するオネエ系などの芸能人に対しても「気持ち悪い」の一点張りです。そのたびに自分を否定されているようでつらく、家を出て彼女と同棲をしています。ゆくゆくは親に彼女を紹介し、認めてもらいたいと思っています。何と話をしたらいいでしょうか？

回答　同性愛は犯罪ではなく、自然なこと

あなたの両親の偏見を取り去る必要があります。キリスト教圏ではかつて同性愛者は拒絶されていましたし、ナチス・ドイツは同性愛者を殺そうとしました。しかし、同性愛は犯罪でも何でもない。**右利きと左利きの人がいるくらいの自然なこと**なのです。

私は中学生の頃、父の本棚にあった古代ギリシャの哲学者、プラトンの『饗宴』※を読んでこんな考え方があるのか、と感心しました。アリストパネスが愛について語った部分です。要約すると「もともと人間は男男、男女、女女と3種類いて、２人が背中合わせにくっついて生きていた。２人で１人だったので、強い力を持つようになり、神の怒りを買い、背中の部分から２つに切られ、バラバラになってしまった。それで、人は自分の半身を求めて

※『饗宴』（岩波文庫、光文社古典新訳文庫、新潮文庫ほか）
古代ギリシャの宴に哲学者たちが集まり、エロス（愛）讃美の演説を次々に行う。そこから議論を発展させ、美とは何か、人間とは何かを突き詰めていく。紀元前４世紀頃の作と推定される。

人を愛するようになったのだ」と書かれていました。

男が男を愛し、女が女を愛することが普通のこととして、当時の発想にあったことがこの本を読むと理解できます。

私の母も、昔は同性愛者を気持ち悪いと言っていました。私が実家に同性愛者の友達をたくさん連れて行くようになり、**実際に交流**しているうちにその優しさと博識と気遣いに触れ、友達を大好きになってしまい、全く考えを変えました。あなたも勇気を出して恋人に会ってもらったらどうですか？

あなたを愛するご両親です。あなたの愛する人も愛するはずだと私は思います。

勇気を出して、恋人に会ってもらう

口では「気持ち悪い」と言っていても、
会えば変わる。
あなたを愛する人を、
両親はきっと分かってくれるはずです。

26 相談 「結婚したい！」と思える人と出会えない（21歳・男性）

結婚したいと思えるような人に出会えません。女性が苦手というわけではありません。私の場合、少しでも嫌だなという部分があると、気が合ってもずっと一緒にいたいと思えず「この人とは結婚できないな」と考えます。私自身、ルックスが良いほうでも性格がとびきり良いほうでもないので高望みだと自覚しています。どうすれば、お互いの嫌なところも含めて愛せるほど気が合う人に出会えるのでしょうか。

回答　7割程度の「好き」からお付き合いを始めてはいかが？

まだ21歳のあなたがそのことでそんなに悩む必要はないと思います。男性は70歳になっても子どもが作れます。少子化だからと焦る必要はありません。**本当に一緒に暮らしたい女性が現れるまで時間をかければよいでしょう。**

恋愛は一人ではできませんから、お互いに好きになり離れたくないと思える相手が見つかるまでは無理をする必要はないのです。30歳になってからまた考えればよいでしょう。そう簡単に女性と付き合わないあなたは、女性にとっても安心です。今は友達として親しく付き合っている女性の中から相手が見つかる可能性もありますし、一夜で恋に落ち結婚する場合もあるでしょう。

動物的ではないあなたは女性にとって安全です。ただし、安心安全と思われたまま、気が付いたら70歳になっていた……ということも大いにあり得ます。７割程度好きになったら思い切って交際してみることも必要かもしれません。相手もあなたを7割くらい好きになってくれたらの話ですが。

１００パーセント好きで、すべての仕草も行動も完璧に許せて気にならない相手はこの世には存在しないことだけは確かです。見て許すか。見ないことにするか。たった一つでも、本当に好きな部分、大切な部分があれば、人は人を愛せるのだと思います。それがホクロの一つでも。長い中指一本でも。

たった一つでも大切な部分があれば、人を愛することができる

完璧な相手など、
この世に存在しない。
７割くらい好きになったあたりで良しとしましょう。

27

相談

遠ざけた親友、絶交すべきか

（35歳・女性）

私には学生時代からの親友がいました。とても気の合う人でしたが、5年ほど前、彼女の結婚が決まってそんな気配もなかった私は急に自分が惨めに思え、その時から彼女を無視し続けています。結婚式にも出ませんでした。そんな自分を大変に恥じ、胸が痛いです。ごくたまに彼女が連絡をくれ、最近も「会いたいな」とメールが届きました。このままきっぱり関係を絶つほうがいいのか悩んでいます。

回答 今すぐ会って、謝って！

すぐに電話で謝り、会うべきだと私は思います。**人生の中で気が合って、親友だと思える人に出会うチャンスはそうはありません。**お互いに気を遣わず、そばにいても黙っていられるような友人は大切にすべきです。

私にもそんな友人がいましたが、みんな亡くなってしまいました。８年前にがんで逝ってしまった、高校時代からの親友の結婚式の時に、お金がなかった私は、紙に３万円と書いてお祝いに渡しました。「出世払いね！」と言って。そして引き出物のお皿もちゃっかりいただき、10年後に３万円を贈りました。今もそのお皿に料理を盛り付けながら、泣いています。

あなたはその人を失って生きていけるのですか？　相手は、あなたの子どもじみた感情を許しています。きっとまた昔のようにいろいろな話で盛り上がるはずです。**見栄やプライドを捨て、実を取る**べきです。

ただ、もしあなたがその人に恋をしているのだとしたら、嫉妬に狂いそうです。

あなたがその人に感じているのは友情ですか？　愛情ですか？　相手があなたの知らないうちに恋をして結婚してしまったことをそんなに意識するのだとしたら、あなたはその人に恋をしている可能性が大です。

そして、そのことにあなたが気が付いていないだけなのかも。

どちらにしてもすぐに会うべきです。そして謝るべきです。そんな素晴らしい相手を失うのは残念すぎます。

見栄やプライドを捨てて謝る。相手を失うのは残念すぎる

人生で、気が合うと思える友人には
なかなか出会えないもの。
意地を張っていると、
生涯の友を失ってしまいます。

28

相談 悪口ばかり言う知人にモヤモヤする（女性）

知り合いが、家族や夫のことを人格否定する勢いで愚痴るのを聞いていると、もどかしい気持ちになります。ちょっとした不満とけなすのとでは、全く違うと思います。もっと穏やかに過ごしたらいいのにと思いますが、なかなか難しいのでしょう。ただ、そうした愚痴を聞いていると、私は恵まれているのかな、と思う一方で、愚痴を受け止めきれなくなっています。どうしたらよいでしょうか。

回答

そんな相手の話は聞かなくていい

私の周りにもそういう方がいます。**人の悪口を言うことで自己の精神のバランスを取っているような病的な人**がいるのです。悪口といってもユーモアがあって笑えるようなものではなく、本当にここまで人をおとしめられるのか？　といったような聞くに堪えない内容だと思います。そして同じ内容を繰り返し語り、**聞くたびに嫌な救われない気持ち**になってきます。

しかし、しゃべるほうは、相手は誰でもよいのです。黙って相づちを打ってくれる、優しい相手を見つける嗅覚を先方は持っているのです。しかもそういう人は案外情の濃いところもあって、あなたが大変な時に親切にしてくれたりするので、あなたもなかなか邪険にすることができません。

もう、この人の話を聞くのはやめましょう。**嫌な気持ちになるばかりか**

その内容に取り込まれている可能性もあります。悪口を言ってすっきりしている先方は、先ほどまで悪口を言っていた相手とにこやかに会話している場合もあるのです。内容を信用したあなたが大いにバカを見ることになります。相手は病気なのです。誰かの悪口を言っていないと自分を保てない、生きていけないという病気なのです。その相手はあなたでなくてもよいのです。電話が来ても出ない。会わない。その人が、馬耳東風で聞き流せる鉄のような友人を見つけるまで、その人と話さないことをすすめます。

悪口を言って精神のバランスを取る人とは、付き合わない

愚痴る人の中には情の濃い人もいるけれど、
話し相手はあなたでなくてもよかったりする。
まともに対応するとバカを見ます。

29

相談　突然の彼の死、日々泣き暮らす

（40代・女性）

２カ月前、好きだった人が突然亡くなってしまいました。検視の結果、病死でした。

亡くなる前、その人からメールや電話があったのに、全然応じることができませんでした。私に何を言おうとしていたのか、分かるすべもありません。毎日、後悔して泣いてばかりいます。どうしたら立ち直れるでしょうか。教えてください。

回答　立ち直るには時間をかけるしかない

あなたの気持ちを思うと、どうにも切なくて返答を書くのに随分時間がかかりました。

本当に気持ちは痛いほど分かります。けれど、立ち直ることはなかなかできません。

時間をかけるしかありません。愛する人を失ったのです。しかも取り返しのつかないような状況の中で。でも毎日苦しみ悲しんでいると、彼がいつか夢の中に出てきてあなたに伝えたかったことを言ってくれる日がやってきます。本当です。**夢の中で答えてくれる**のです。それは泣きながら眠りについた明け方です。

心の奥に潜む何かが謎を解いてくれるのです。その日が来るのを諦めずに待ってください。自分をごまかし、だましだまし生きてください。

上京してから、モーリス・ベジャール振り付け、ジョルジュ・ドン主演の「ボレロ」※を見ました。見ている最中は意味が分かりませんでしたが、1週間後、銭湯の帰りに突然、

「人が生きるということ。単純な心臓の鼓動を振り付けにして、何があっても生きていかなくてはならない。それが単純なようで一番大変なのだ」


という意図に気が付き、タライを落として道端で号泣し続けました。

生きていかなくてはなりません。

好きな歌を何度も聴き、好きな絵画を見て、芝居を見て、映画を見るのです。こういった芸術や娯楽は苦しみや悲しみを抱えた人のためにあります。私もあなたを励ますために、疲労困憊《こんぱい》しても毎日舞台に立ちますよ。

悲しすぎて、切なすぎて声も出せない人たちのために頑張ります。

※「ボレロ」
フランスの作曲家モーリス・ラベル（1875〜1937年）が作曲したバレエ音楽。同じくフランスを代表する振付師モーリス・ベジャール（1927〜2007年）が振り付けを行った。ソロダンサーが円卓で踊り、群舞のダンサーたちが円卓を囲む。ジョルジュ・ドン（1947〜1992年）が映画「愛と哀しみのボレロ」（1981年公開）の中で踊り、世界的名声を博した。

夢の中であなたに思いを伝えてくれる日まで、だましだまし生きていく

愛する人を失い、どれほど悲しくても
人は生きなければならない。
時間をかければ、
それを受け入れられる日がいつか来ます。

30

相談 男女2人だけで会うのは避けるべきか

（72歳・女性）

五十数年前に同じ職場だった10人（男性5人、女性5人）と、十数年前からハイキングに行ったり、飲み会をしたりして楽しんできました。4、5年前から家族の介護のため出席できる人が3、4人になり、2人の時もあります。全員70代ですが、男性と2人で行くのは伴侶に気を遣います。

2人の時はやめたほうがいいのでしょうか。連絡はメールで行い、送信するのは私です。

回答 気にせず楽しんで！　とは言いにくい

気の合う仲間で、しかも宿泊するわけでもないし、飲み会やハイキングで話すだけだから、性別なんか気にせず楽しんでよいはずと答えるつもりでした。しかし、先日山形に帰郷し介護施設の両親を見舞い、思い出したことがあったのです。

父は教員で、定年退職後は郷土史研究に没頭していました。時々、かつての教師仲間たちと出かけては各地で調査をしたり、帰りに飲んだりと、楽しそうにしていたのを覚えています。

特に気の合う研究仲間がたまたま女性でした。父はその方がいかに博学か、家族に聞かせます。父が退職後、気落ちしているのを見るのがつらく、楽しそうな父を見るのがうれしかったのを覚えています。しかし、初めは笑っていた母の様子がおかしくなったのです。**父がその女性と2人で研究に出かけると、父のため朝の準備をする母が不快感をあらわに**しました。弁当の煮物を手渡す際に「父ちゃんが急に言うから、まだあく抜きできていない料理をその女性にもあげることになった」と不機嫌になり、**私たちにも父の悪口**を言いました。自分はパートを続けているのに、父は好きな人と遊びに出かけ、準備をやらされるのは理不尽だというのです。思えば、あれは**嫉妬**でした。

今、父は94歳。その方も90歳を超えたと聞きます。今は赤ちゃんのようになった母も89歳。つまり、行っても行かなくてもどちらでも良いと思います。あなたの気持ち次第です。

嫉妬は一生と心得る

いくつになっても、異性と2人きりになるのは、
伴侶は良い気はしないもの。
それをふまえて行動しましょう。

愛する人がどこかで幸せになっていてくれたら、失恋の傷も癒える

２０２０年に65歳になってしまう私でも、恋愛問題ほど複雑で厄介な悩みはないのではないかと思う。

「お金があれば愛情も買える」と言った人がいた。しかし、お金で買ったと思った人は、買われたと思う人に我慢を強いていく。そのしわ寄せはいつか必ずやってくると思う。

恋愛は精神が対等でなければ続かない。なのに相思相愛になる確率は低い。ほとんどの人が失恋に苦しみ、死んでしまいたいほどの絶望と向き合うことになる。どうしてこちらがこんなに好きなのに、相手に好かれないのか？　私の場合は、相手が友達としてしか見てくれないということばかりが小学校の時から続いた。気楽に話せる友人としてしか見られないのだ。だから、似たような境遇の主人公が活躍する少女漫画

が大好きで愛読し、勇気をもらっていたものだった。

少女漫画の恋は必ずハッピーエンドになっていたので、私もいつか王子様と結ばれるだろうと思っていたが、現実は厳しかった。いまだに現れない。

恋愛は性別も年齢も貧富の差も関係なく、突然に始まる。誰かが客観的に見てということでもなく、偶然か必然かもつけ入る余地もなく、始まった恋が相思相愛に至れるかどうかはもう誰にも決められない。不思議である。

しかし、読者の悩みはもっと複雑だった。好きな人が見つからない。愛し方が分からない。欠点が気になって付き合えないなど、相手を愛せないことそのものが苦しみになっている方も多い。

それなら恋愛をしないほうが幸せなのではないかとも思う。現実の人ではない相手に恋したり憧れたりして、一人でも生きていけるというのなら、それでも良いのではないか。

人と付き合うというのは、自分がかなり我慢しなければならないことである。大人同士が付き合おうとすると、今までの生活環境や家族の好みなどの違いがあって、価値観がくつがえされる。我を通そうとすれば角が立ち、物理的な力関係が露呈してくることもある。王子様や王女様がＤＶ男やＤＶ女だったりするということもある。さらに、失恋の切なさや嫉妬の苦しさなど、どうにも乗り越えられない感情もある。

何にも増して苦しいのは、愛する人を失った悲しみである。失恋はしても相手はまだ生きている。愛する人がどこかで幸せになっていてくれたなら、失恋の傷も癒えるというものだが、亡くなった人は戻ってこない。

私は８年前に親友を亡くした。同じ年に立て続けに友を亡くした。愚痴を言い合い、悩みを打ち明けられる相手はそういない。過去から今に至るまでの体験を共有できる友人も、そうそういない。本当に大切なものを失ってしまった。あれ以来、心の中にため込んだものが破裂しそうになっている。

この世で一番大切なものは友情だろうと私は思う。亡くなってしまった友のことを自問自答しながら、新たな友を探す旅をしなければと今思っている。

第4章

生活の悩み

まめやかに暮らす

31

相談

子育てが一段落。無趣味な私が友達を作るには

（45歳・女性）

中学生と小学生の子どもが二人いる主婦です。子どもたちも大きくなり、少し自分の時間が持てるようになったのですが、持てあましています。昔から、趣味もなく、人付き合いも下手で一人でいるのが気楽なタイプでしたが、最近、人とつながりたくてしょうがないです。寂しいのです。人生も折り返し、お友達に囲まれて、楽しく過ごしていきたいのに思うようにいきません。何かアドバイスをください。

回答 思い切ってママ友を誘ってみる

お子さんの同級生のお母さんなどに思い切って声を掛け、演劇やコンサートなどに出かけてみては。同世代と同じ作品を見て、感じたことを聞き、自分でも話してみてください。すると感じ方や考え方の個性が少しずつ分かってきます。また会いたいか？　話したいか？　また同じ作品を見る。すると、感覚が似ていて気が合うか？　または全然感じ方が違って面白いと感じるか？　会うたびにどんどん楽しくなってくる友人が見つかるはずです。

そこで、まずは**相手の話を聞くということから始めて**ください。自分の話だけをしてしまうと、相手は話を聞くことに疲れ、あなたとまた会いたい気持ちにはならないかもしれません。**友人を作るには、聞き上手になることです**。そして、時々自分の話をする。まずは、相手の心を開くこと。

相手の言葉をよく聞いて、**面白いと思う話には大きく反応して**ください。必ず深い話のできる友人ができます。

5年前にがんで亡くなった私の親友は、私の話を本当に楽しそうに聞いて、いつも大笑いしていました。私は彼女の笑顔が好きで新しい話を仕入れては話していました。亡くなる1カ月前も病室で鼻に管を通したまま、私の話を聞いて大笑いして、笑いすぎて泣いていました。

今でもその顔を思い出します。私は友人を笑わせたいです。友達の笑顔が見たいから。でも今は、思い出して泣いている私です。

人とつながりたいなら、聞き上手になる

人は、話を聞いて大声で笑ってくれた相手を好きになる。
そして、楽しませたくなる。
相手の言うことをよく聞いて、時々自分の話をしましょう。

32

相談

野良猫に餌付けした近所の人と仲たがい

（78歳・女性）

近所の60代くらいのご夫婦のことです。野良猫に餌を与えていて、その猫が、我が家の駐車場内で毎日のようにフンをします。しばらくは片づけていましたが、主人が「餌をやらないでくれ。やるのだったら家で飼ってくれ」と言うと怒鳴られました。それまで仲が良かったのに、あいさつしても無視されます。みじめな思いがして情けないです。どう対応したらよいのでしょうか。

回答　ご近所さんの冷ややかな対応、心が凍りますね

年下の者から、思いやりのない言葉を投げかけられたり、冷たい態度を取られたりするのは心が凍る思いのするものです。相談者の気持ち、お察しいたします。

その**近所の人は、あなたたちご夫婦が親切で優しいので甘えている**のではないか？　と考えます。その60代の夫婦もストレスを抱え、何かに、誰かに当たることで、憂さを晴らしたいのではないか？　と思います。一度４人でじっくり話し合うか、無視して、ご近所の親しい友人を増やしていくか。あなたがつらくないのはどちらですか？

その60代夫婦は、あなたが持てるだけの力を使って正直に意見してでも今後付き合っていきたい人たちですか？　それとも死ぬまで話さなくても、あ

いさつしなくても生きていける人たちですか？　どこかに引っ越ししてもらって、永遠に会いたくないほど嫌いな人たちですか？

昔のような普通のお付き合いがしたいだけですか？　相談からはあなたの気持ちの具合を想像するしかないので、もっと細かいことが分かればと思います。

町内会の会長に間に入ってもらい、駐車場にたむろする猫たちの様子などを伝え、厳重注意してもらう方法もあるとは思いますが、近所で長い間先方を観察してきたあなたです。タイミングを見計らって、昔のように笑顔であいさつできる関係に戻りたい旨を伝えたらいかがですか？　大げんかしてでも。

仲直りするか無視するかは、あなた次第

ご近所付き合いの鍵を握るのは、相手ではなく自分。

永遠に会いたくないほど嫌いなのか、意見してでも付き合っていきたいのかで、自ずと結論は出ます。

33

相談

「下流老人」が心豊かに暮らすにはどうしたらいい？

（69歳・男性）

『下流老人』※を読み、自分は下流老人だと確信しました。現在は、パートと国民年金との併用でやりくりしています。独身で蓄えはありませんが、心豊かに暮らそうと先のことは考えず、楽しく過ごしています。将来のことはもういいのですが、時折不安が脳裏をかすめます。生活保護を受けるようになってもいいのですが、心豊かに暮らすにはどうしたらよいのでしょうか。助言をください。

※『下流老人　一億総老後崩壊の衝撃』藤田孝典（朝日新書）
少子高齢化や、失われた20年による終身雇用制の崩壊など、社会問題が凝縮される時、高齢者にしわ寄せが行く。「悠々自適の老後」などとうに崩壊していることを世に顕《あらわ》したノンフィクション。「下流老人」は2015年の新語・流行語大賞候補にもなった。

回答　今、一番心配すべきなのは体のこと

私も『下流老人』を読み、ひとごとではないと、将来のことを考えました。現在の日本人の健康寿命は女性が74歳、男性が72歳です。69歳のあなたが一番心配しなければならないのは、体のことだと思います。**健康であれば、年金とアルバイトで面白い毎日が過ごせる**でしょう。区民会館等に行くと、**無料の社交ダンスやフラダンスの講座が受けられますし、映画はシニア料金で見られます**。安く見られる小劇場の芝居もたくさんあります。

私は、**70歳になったら、毎日映画と演劇を見て暮らそう**と思っています。週に一度演劇の塾を開いて、月に10万円くらいの収入と年金とで暮らせないかなあ……。しかし、それも健康であればこそです。貯金もない人間は介護

施設や老人ホームに入ることもできません。65歳で2000万円前後の貯金があるのが、日本人の普通らしいですね。私は演劇をしてきたので、そんな貯金はありません。あなたもそうですよね。それなら、今を生きるしかありません。

体に良いと言われている食べ物を食べ、適度な運動を心がけ、懸命に生きる。『下流老人』を書いた藤田孝典さんは当時33歳。福祉が充実していない日本に対して諦めずに現状を発信していくと「あとがき」で表明していました。頼もしい限りです。私たちも、ギリギリまで仕事ができるように、頭も体も健康でいられるように努力しましょう。

健康第一に、70歳を過ぎたら映画と演劇を見て暮らす

体に良いものを食べ、
適度な運動を心がけ、懸命に生きる。
貯蓄ゼロでも、エンターテインメントは
シニア料金で楽しめます。

34

相談

安っぽい物であふれるわが家。老後はスッキリ暮らしたい

（60歳・女性）

68歳の夫と2人暮らしです。私はパートで働いていて家事はおろそかになりがちですが、夫はうるさいことは言いません。家にいるのは夫のほうが長いため、家の中が夫が好きな趣味の悪い安っぽいものであふれています。今後、仕事を辞め狭い家に2人でいることを考えると、私の描いている老後の簡素でスッキリとした住居は無理かと憂鬱です。どうすれば夫も私も気持ちよく老後の生活ができますか？

回答 夫の悪趣味はいずれ変わる

あと20年、我慢できますか？　私の両親は今２人とも老人ホームで暮らしています。あなたが望むような**シンプルで飾りのない部屋**で暮らしています。

父はかつて壁に私の演劇のポスターや舞台写真などをたくさん張るのが好きで、母も一緒に笑顔で見ていました。詩人の高村光太郎に心酔していた父は、光太郎の写真を額に入れて「あなたは不思議な仙丹を魂の壺《つぼ》にくゆらせて」という光太郎の詩も飾っていました。

しかし、**老人ホームではそうではありません。すべて忘れてしまった**のです。狭い個室ですから、好きな物を張ったり飾ったり、好きな家具を置いたりもできません。私の父は94歳、母は89歳です。あと20年したらご主人の趣味は変わり、シンプルな生活ができると思います。

しかし、それまで我慢できますか。私はいまだに母の本当の室内の趣味を知りません。きっと父に合わせて我慢してきたのではないか、と今思っています。**本当はどんな部屋に住みたかったの？　本心を聞いておけば良かったと後悔しています。**

2階があるなら1階をご主人の好きにして、2階をあなたの好きな部屋にする。1部屋しかないなら、真ん中に仕切りを作って片方をあなたの好きな空間にしたらいかがでしょうか。それとも早めに2人で老人ホームに入るという手もあります。するとあなた好みのシンプルな部屋で暮らせることになります。

夫と空間をシェアし、片方はあなたが好きなようにする

あと20年もすれば、
夫の趣味も変わり、
シンプルな生活ができるようになります。

35 相談 太っているのは良い？　悪い？（34歳・女性）

身長159センチ、体重63キロの体形です。服をかっこよく着こなしたいしモテたいのですが、食べることがやめられません。ストレスがたまっているというのを言い訳にたくさん食べてしまいます。太っていることが恥ずかしい。その一方で「今の自分も悪くない」と思うのです。自己嫌悪と自己愛が行ったり来たりしています。どっちに気持ちを落ち着かせたらいいでしょうか。

回答　たくさん食べて、陽気に太って、運動する

あなたの体重、身長そして年齢を見ると、私のその頃と全く同じサイズです。ユーチューブなどで、当時の私の姿を見て「何だ、けっこうイケてる。普通じゃないか」と納得してくださったら、そのままで大丈夫です。

私は今、身長が縮み１５８センチになりました。そして体重は70キロ。踊ったりタップを踏んだりすると足の底や膝に痛みが出てしまうので、あと5キロ減量しようと思っています。つまり年を取ると嫌でも痩せる努力をしなければならないのです。

40歳までなら体重を増やしても構わないと思います。**洋服も太った人用の可愛らしい製品がたくさんある時代**です。お笑い芸人の渡辺直美さんもオシャレで可愛い。何も恐れることはありません。**食べたいものをたら**

ふく食べて陽気に太って運動してください。

テレビの特集番組で若い日本女性は栄養不足の人が多く、胎児への影響も深刻と問題提起していました。日本には健康的で肉感的な大人の女性を隅に追いやる風潮がありますが、そんな意識と戦い、独自の美を追求してください。

太りすぎ防止には**「家の掃除を毎日すること」**。これで健康になります。

木野花[※]さんに聞いた話です。

「毎日鉢植えに水をやり、雑巾で拭き掃除をすれば絶対に太りすぎることはない」

私も新年からやろうと思っています。10年前から聞いていたのに、今までやらなかったので太りすぎたのです。

※**木野花《きのはな》**
女優、演出家。1974年に女性だけの劇団「青い鳥」を結成し、1980年代小劇場ブームの先駆けとなる。2018年、映画「愛しのアイリーン」(吉田恵輔監督)での演技が評価され、第92回キネマ旬報ベスト・テンで助演女優賞を受賞。

40歳までなら体重が増えても構わない

年を取ると、
嫌でも体重を減らさなければならない。
太りすぎを防ぐには、毎日家の掃除をすることです。

36

相談 がんが心配で家事も手につかない（52歳・女性）

３月末に姑が死去し、がん検診を欠かさない友人は乳がんで全摘。小林麻央さんの訃報で沈んでいたら、子どもの恩師が59歳でがんで亡くなったと連絡がありました。妹の友人もがんで闘病中です。気持ちが沈んで家事も手につきません。検診は欠かさず受けていますが、私もがんではと心配です。将来に備えた貯金や断捨離にもむなしさを覚えます。この気持ちをどうしたらいいでしょうか。

回答　神経質にならないで

あなたの気持ちはとてもよく分かります。でも、検診をきちんと受けているのですから大丈夫。神経質にならないでください。**あなたが不安な顔をしていると周りのあなたを愛する人たちが本当につらく悲しい気持ちになりますよ。**

がんで5年前に亡くなった私の親友は、何度かの手術に耐え、入退院を繰り返していましたが、入院中も明るくいろいろな話で盛り上がりました。最後は病院での治療より自宅療養を選びました。最後かもしれないという連絡を娘さんからもらったのが、ちょうど宮城県の被災地・閖上《ゆりあげ》に慰問に行っていた時で、山形までは1時間で行けたために間に合いました。

意識が混濁した親友を、私がじーっとベッドの前に座って見つめていました。夜で明かりは足元から上に照らす照明。その中で私がずっと下を見つめていたのです。親友が目を覚まし、「怖い、怖い」と訴えます。私は「何が怖いの？」と問いかけると「怖い、怖い、じゅりこの顔が」といったのです。「じゅりこ」は、私のあだ名です。下からの照明で、私の顔はきっとお化けのようになっていたのですね。この言葉が、親友の最後の言葉になりました。

毎日、親友を思い出しています。一緒に生きているような気さえします。

あなたは、明るく笑顔で暮らしてください。周りも笑顔に包まれますよ。

私は病気の時も明るかった親友に救われています。

つらい時こそ笑顔で暮らす

病気を恐れて不安な顔をしていると、
周りの人が暗くなってしまう。
検診を受けているなら、心配しなくても大丈夫。
明るい笑顔で周囲を和ませてください。

37 相談 使わない物を処分すると、夫が泣いて怒る
（42歳・女性）

夫が物を捨てられなくて困っています。部屋の中には昭和の時代からの本や衣類、書類、雑貨がいっぱいです。ずっと使わないでいる物も、捨てようとすると泣いて怒ります。物に対する執着がすごく、家族よりも物のほうが大事なのではと思うくらいです。何十年も前の本や雑誌も売ったら高値がつくからと捨てません。夫ごと捨てるしかないのでしょうか。ずっと我慢してきましたが、限界です。

回答　不要なものは、夫のいない間に売り払う

旦那様の留守の間に古本屋と古着屋に売ってしまってください。いない間にです。あなたの判断で残すものと売るものに分けて良いと思います。その前に見積もりに来てもらったほうが良いのではないでしょうか。

私も全く物が捨てられません。私の場合は思い出を捨てるようで忍びないからです。物もすべて生きているような、そんな気がしてしまうのです。前差し入れにファンからいただいたタオルやこけしも全部取ってあります。前に断捨離しようと、古道具屋から来た女性の営業の方に、買った時は高価だった3着のスーツを渡しました。サイズが大きいから人にあげるわけにもいかなかったからです。なんと3着で５００円でした。今でもあれをオークションにかけ、東日本大震災の被災地への寄付にすれば良かったと後悔していま

す。

売っても大したお金にはなりません。しかし、アインシュタインのメモのように2億円もするものがあるかもしれません。下見に来てもらったほうが間違いありません。旦那様が、思い出ではなくケチなだけで物を捨てないのなら、**すべて売ってしまったほうが正義**です。現実問題として**物があったほうがお金がかかる**からです。

ただ病的な固執であるのなら、もう旦那様を捨ててしまってください。なぜなら、あなたと一緒に暮らしているのも、ただのあなたに対する固執に過ぎないことになるからです。

病的な固執をする夫は捨てていい

夫の固執が病的ならば、
あなたへの思いもただの固執。
要らないものと一緒に、ただちに処分しましょう。

38 相談

84歳の父を元気にしたい

（55歳・男性）

84歳になる父が自営の工務店をやめ、物忘れ外来にかかって7年ほど。その間、自動車で一度、自転車で一度帰宅できなかったこともありました。父は母と東京在住、私は妻と宮城県で、月に一度帰京したり、なるべく電話したりして刺激を与えようとしていますが、もう年齢的に無理強いはしないほうがいいのではないかとも思っています。何か元気になってもらえることがあれば、ご教示いただけたら幸いです。

回答

歌のコンサートや観劇がおすすめ

時間がある限りお父様に会って話すことはもちろんですが、お父様の好きなジャンルの歌などのコンサートや演劇に連れて行くことをおすすめします。

私の両親も介護施設におり、私も毎月、東京から山形に通っていますが、母も父も私のコンサートなどに来ると、客席で一緒に歌って大変喜んでくれます。**母は認知症がひどくなり、幼児のような状態ですが、私が行くととても喜んでくれて**、食べ物を必ず、私の口に先に入れてくれます。89歳ですが、認知症になっても子どもの私を可愛がろうとしてくれています。

一人で突然手をたたいたり、歌を歌ったりするのは子どもの頃に歌った歌を思い出すからでしょう。介護施設を学校だと思っているようです。**94歳になる父も、**介護施設を戦時中に一人で暮らした軍需工場の寮と同じような所だと思っていて「一人でも我慢する。昔も我慢できたんだから」といつも言います。**家族と暮らせないことを寂しいと思いながら、自分に課せられた生活だと思い込んでいる**ようです。そんな父も芝居を見たり歌を聴いたりしに行くと非常に元気になります。行ったことは翌日忘れたとしても、**その場が楽しければそれでいい**と思います。

あなたも一緒に楽しんでください。周りの人間が楽しそうに笑っていると両親も楽しそうです。民謡でも演歌でもジャズでもロックでも、昔よく聴いていた歌や演劇に触れさせてあげてください。

あなたも一緒に楽しんで

お父様にできる限り会い、
好きなジャンルの音楽や演劇に連れて行く。
行ったことを忘れても、
その時が楽しければそれでいいのです。

39 相談 人生後半の指針が見えず、だましだましの日々

（37歳・女性・ライター）

人生後半の生きる指針が見えずにうつうつとしています。独身で大切な人もいます。友人と食べるごはんや、道端に咲く花の美しさ、好きなミュージシャンのライブなど生きていてよかったなと思うことは日々あります。「でも、それで？」と思ってしまうのです。両親と障害のある妹がいずれいなくなったら、いつ死んでも別にかまわない、と。だましだまし日々を続けていくしかないのでしょうか。

回答　うつうつした思いを曖昧なままにしない

だましだまし生きていくことはありません。

今37歳のあなたにはやれることがたくさんありますし、これから生きがいが見つかるはずです。そして、**生きがいは見つかるというよりも自分で発見し作り続けていく**ものなんですね。ライターのあなたはまずは書けば良いと私は思います。

人間ですから疲れることも落ち込むこともあって当然です。

私も64歳になってもなかなかこの人間社会に慣れることができません。筋を通そうとするとぶつかりますし、曖昧にして流してしまえば後で大いに落ち込み苦しみます。要は自分との闘いですね？　人生は。あなたには大切なパートナーもおられるということで、それは幸せなことです。

戯曲を書いてみませんか？

ご自分の考えるあれやこれやを、さまざまな人物に投影して語らせてみてはどうでしょう？　あなたの考えを語り、それとは真逆の考えの人物も登場させる。その２人の会話にまた新たな考えの人物を追加してみる。「だましだまし生きていくほかないのか？」と37歳のライターが、あなたの大切なパートナーに相談するところから書き始めてください。障害を持っておられる妹さんが、あなたの隣のベッドに横たわっています。そこは窓際の一室。春の日差しがオレンジ色の薄いカーテンを通して差し込み、妹さんの頬を染めています。

書くことで人生を切り開く

人生は、自分との闘い。
ライターなら、戯曲の執筆に取り組んでみては。
だましだまし生きていくなんて、もったいないですよ。

40

相談

病を患い、生きがい見つからず

（66歳・主婦）

63歳まで訪問介護員をしていました。65歳まで働いた後は趣味でも見つけて、好きなことをしてと夢がありました。その矢先に心疾患が見つかり、心臓の手術を受け今年8月で2年になります。体調が戻るまでは家族に世話になり、感謝しています。病院通いが続き、生きがいを見つけたいと思っていますが、何も思い浮かびません。ぜいたくな悩みでしょうか。おかげさまで主人（70歳）はまだ働いてくれています。

回答　講座の参加やボランティア活動はいかが？

生きがいをどんなものに感じるかは、人それぞれで、その人の生きがいを他人が決めることはできないことだと思っています。しかし、会社の仕事が生きがいだった方は退職したら困惑し、子育てに生きがいを感じていた方は子が成人したら茫然《ぼうぜん》となるのも当然かもしれません。

よく言うところの第二の人生。これも第二、第三と、亡くなるまで続くものなのかもしれません。生きがいを探すのも生きがいの一つかもしれません。

先日、小説家や脚本家を目指す人たちの講座・東京作家大学からの依頼で受講生たちへの特別講座を引き受け、高村光太郎や宮沢賢治、そして上田岳弘※の作品について話しながら、作品作りの苦労や面白さを伝えました。

20代から90代までさまざまな経歴の人たちが受講していて、質問は積

※上田岳弘《うえだたかひろ》（１９７９年～）
兵庫県生まれ。早稲田大学法学部卒業。２０１３年、デビュー作「太陽」で新潮新人賞受賞。２０１９年、『ニムロッド』で芥川賞受賞。２０１９年、三島由紀夫賞受賞作品『私の恋人』を渡辺えりがアレンジして音楽劇に。小日向文世《こひなたふみよ》とのんとともに、30の役を３人で演じた。

極的で、受講態度も熱心。※日本劇作家協会が企画する劇作家になるための講座もあります。こういった講座に参加するのも生きがいになるのではないでしょうか。昔画家だったという**96歳の方が一番前の席で楽しそうに私の話を聞き、戯曲を購入してくださり私のサインをうれしそうにもらってくれて、こちらのほうが感激**しました。

ボランティアをなさるのもおすすめです。国外に出るのも規制された人々への支援はいかがですか。身を危険にさらして自費で活動するジャーナリストがたくさんおられます。その方たちの話を聞き支援するのも、生きがいになります。

※日本劇作家協会
作家・劇作家の井上ひさしを初代会長に1993年創設。新人戯曲賞の運営やセミナーの開催、ワークショップ、出版、東京都杉並区の公共劇場「座・高円寺」の企画・運営支援など多岐にわたる活動を行い、日本の舞台芸術の発展を目指す。正会員はプロ、アマ、国籍等を問わず、すべての劇作家の参加が可能。

生きがいを探すことが、生きがいになる

教養講座に参加したりボランティアをしたりしながら
好きなことを探してみては。
さまざまな分野で活躍している人たちの話を
聞くだけでも刺激になります。

人間は年を取る

日本人は長生きになったが、健康寿命は75歳くらいだという。寿命が95歳までとすると、20年間を人の助けによって生きながらえるしかないことになる。

私の両親は今、山形県内の同じ介護施設で暮らしている。介護の度数が違うためか、部屋は別々で食事をするテーブルも別々である。私が見舞いに行くと、介護士の方が気を利かせて同じテーブルにしてくださり、一緒にお茶を飲むことができるが、普段は規則があってばらばらにせざるを得ないようだ。

両親が子どもの頃は戦争の時代で、雪道を裸足で歩いて工場や寮に通ったそうだ。戦後、家庭を持つとぜいたくもせず、生活を切り詰めて、私と弟を育てるために働くだけ働いてくれた。

結婚して山形に戻った弟のために援助を惜しまなかった。上京して演劇を始めた私には、いつも食べ物や手作りの洋服を送ってくれた。

自分のためにお金や時間を使ったことのない両親が、今や老いて介護施設で暮らし、家族と会話することもできない。介護士の方たちは親切で、一日中重労働を続けてくださり頭が下がるが、老人たちは決まった時間に食事、お風呂と寄宿舎のような生活をせざるを得ない。個室の大きさは限られているため、自分の荷物を好きなだけ持ち込むことはできない。知らない方たちとの共同生活なので、会話を楽しむこともなく、ただテレビを見ているだけという毎日だ。

夫婦であっても、もうすでにお互いが夫婦であることも忘れてしまったようだ。

「1年でよいから父ちゃんより長生きしたい。自由に暮らしたいから。老人ホームに入るくらいなら死んだほうがまし」と言っていた母は幼児のように笑ったり、突然自分の名前を大声で名乗ったりする。昔の母とは違う人になってしまった。

あんなに饒舌で物知りだった父も、胆石の手術で何カ月か入院してから、言葉を発することができなくなった。

「軍需工場の寮で何年も一人暮らしをしたんだから、今の暮らしも我慢できる」

入院する前、父は少年のような語り口で私に言った。

両親の苦労を知っている娘の私は、人の幸せというのは一体何なのだろうと考え込んでしまう。あれほど両親に反対されても好きな演劇の道に進み、両親のそばで暮らすことのなかった親不孝な私。すべてを許し、仕送りまでしてくれた両親。本当に愛してくれたのに、こちらは少しも恩を返していないではないか。胸が痛むが、痛むからといっても、両親の介護は人任せである。

私には子どもがいないので、介護施設に入っても、胸を痛めてくれたり、お見舞いにきてくれたりする人もいないだろう。この先自分がどうなっていくのか。不安がないといえば嘘になる。あと10年で身辺の整理をし、人に迷惑がかからないよう備えたいけれど、身近なことに追われて先々の計画など立てられない。

老後の目的が見つからず悩む人、親の面倒をみられず苦しむ人。子どもたちが自立せずに困っている人。今の生活に不安を抱く人たちの悩みを伺っていると、何かしなくてはならないという義務感と、人の生きる理想の姿に縛られて自分を追い詰めすぎる人が多い気がする。

私の両親は子どものために身を粉にして働き、悩みに向き合う余裕のないままに年を取ってしまった。退職したら好きな本をたくさん読もうと楽しみにしていたのに、老眼ですぐに目が疲れて読めなくなってしまったと、母がぼやくのを聞いた。退職したら新聞の切り抜きをしようと何箱ものダンボールに入れた新聞紙を前に、唸っている父も見た。

農協の経理をしていた母は数字に強く、父と自分の年金をうまく計算して子どもの負担にならないようにしていたし、無駄遣いもいっさいせずにきちんと家計を回していた。機械にも強かったので、母の時代にパソコンや携帯電話があればさまざまに活用し、ボケることもなかったような気がして残念でならない。

人間は年を取るのだ。

第5章

心の悩み

ひそやかに向き合う

41

相談

人からすごいと思われたい

（18歳・女性）

人からの「すごい」がほしいのです。ものごとの基準を他人から見てすごいかどうかで考えてしまいます。私は高校3年で、推薦入試で中堅私立大に合格しました。もともとは一般入試で難関私大を狙っていた私にとって、この大学への入学は妥協です。先が見えない不安から逃げたとも言えます。ですが入学が決まってから、モヤモヤしているんです。理由は人からすごいって思われないだろうから。

回答　周囲の目など、どうでもいい

周りから評価を得たいと焦るあなたの気持ちは分かります。私も何でこんなに頑張っているのに評価されないのだろうと落ち込むことがしょっちゅうです。しかし、周りの目など実はどうでもよいのです。**あなた自身、自分自身が自分のやっていることをすごいと思えるのかどうか？　それしかないのです。**

宮沢賢治もゴッホも、死んでから評価されました。ゴッホは子どもたちに「変人」と石を投げられても、毎日朝の8時から夕方5時まで畑に絵を描きに出る日課を欠かさなかったそうです。私はゴッホや宮沢賢治を「すごい」とたたえたいですが、かないません。

「沢田研二」「唐十郎」※「美輪明宏」「中村勘三郎」。私が影響を受けすごいと

※唐十郎《からじゅうろう》（１９４０年～）劇作家、演出家、作家、俳優。劇団「状況劇場」を旗揚げして、１９６０～１９７０年代の日本のアングラ演劇をリード。街頭、公園、神社の境内などでゲリラ的に「紅テント」を張って自作の芝居を決行し、注目を集める。麿赤児《まろあかじ》、四谷シモン、根津甚八、佐野史郎ら多くの才能が結集して巣立った。

思っている人たちですが、本人は自分をすごいと思っていないのです。まだまだこれからだと思ってすごい努力をし続けている。もしくはしていた。「すごい」と思うのは自分自身であって、他人ではありません。満足するかしないかも自分自身が決めることです。

あなたが入学する、すごいと思われないから嫌だと思っている大学にも、やっと入学できた人や、必死で頑張ったのに落ちた人がいるかもしれません。あなたはそういう人たちにひどく失礼なことを言っていますよ。「すごい」と思われたいと言う前に自分自身の心を磨いてください。人の目を気にするエゴイストにならないように。

あなた自身が「自分はすごい」と思えばいい

本当にすごい人は、
まだまだこれからだと思って努力し続けている。
まずは、ご自分の心を磨いてください。

42

相談

吃音のせいで人間関係を結べない

（26歳・女性）

私は吃音《きつおん》という、発声がうまくできない障害があります。今までそれを知られたくなくて人間関係を浅く終わらせてきましたが、今になって後悔しています。「障害」というと、確かに偏見もあり、つらい思いもしたかもしれませんが、それよりも、なぜ理解者を作らなかったのかと昔を振り返ってはため息ばかりです。恋人はおろか友人もおらず、家族とも絶縁状態。この先どうしたらよいか分かりません。

回答　吃音の個性的なメリットもある

26歳のあなた。人生これからです。吃音は今、原因の解明も少しずつ進んできていて、楽にしゃべれる方法なども多く生み出されています。つらくない方法でゆっくりコツコツと改善することができると思います。

先日、仕事の資料を読んでいて※大杉栄が強い吃音で悩んでいたということを知りました。どうしても発音できない行があり、大事な交渉に失敗したことも多々あったようです。そんな彼は人間的な魅力を多く持っていたようで、女性にも男性にも過度にモテたことで有名です。

私の周りにも吃音の方が数人おられますが、みんな頭が切れてさまざまな仕事のリーダー格になっています。特徴としては**文章力がある**ということです。コミュニケーションは不得意ですが、話し合う時の言葉が論理的で、

※大杉栄《おおすぎさかえ》（１８８５～１９２３年）
思想家、ジャーナリスト。戦前の日本で無政府主義を説き、官憲に追われる。関東大震災の混乱のなか、妻で社会活動家の伊藤野枝とともに憲兵大尉甘粕正彦に虐殺された（甘粕事件）。

メールなどのやりとりの文章表現がうまいのです。きっと、考えることを整理してから短い言葉で伝えようとする意識が強くなっているためなのでしょう。つまり吃音の個性的なメリットもあるということです。

そして、それを先達は自分自身で考え工夫したということです。吃音をご自分の特徴と考えて工夫してみませんか。ご家族と会って話したいと思いませんか。友達をつくりたいと思いませんか。**あなたにその意志があれば、必ず交流することになります**し、友達もできます。

恋人に関してはまずは置いておいて、友達からつくってください。

同じ悩みを持つ先達に学ぶ

吃音を自分の特徴と考えて工夫してみる。
友達に相談できないときには、
本などで吃音の苦しみを乗り越えた先輩を探す。
吃音だからこそできることは、必ずあります。

43

相談

小学校時代の担任のひと言に傷つき、いまだに癒えない

（32歳・女性）

20年前のことです。国語の物語の感想発表の場で司会をしました。授業の終盤、担任にクラス全員の前で「昨日休んでいた子ばかり先に指し、意地悪だ」と言われました。私はその子ばかり先に指していません。その時は頭が真っ白になり、クラスメートの反応さえ思い出せません。今でも「私は意地悪なの？」と考えてしまいます。人とかかわるのが怖い時もあります。どう振る舞えばよいのでしょうか？

回答　あなたは何も悪くない

小学校６年の時に黒板に漢字をうっかり間違えて書き、担任から「知ったかぶりして調子に乗るからだ」と言われ、金づちで頭をたたかれたことがあります。

目の敵にされ、私だけがよくしかられました。いじめにも遭い、尿が出なくなって診察を受けましたが異常なし。ストレスだと医師に言われました。

みんなのためと思い、人の嫌がる仕事も引き受けて頑張っていた時の一言が本当に苦しかった。

数年後、学校の近くに住んでいた級友から、先生はアルコール依存症で帰宅途中に級友の家に寄っては酒をせびっていたと聞きました。先生は自分のある面を私に発見し、過度に厳しくなったに違いないとその時に思いました。

人がよく人の面倒をみすぎ、結局いっぱいになって失敗する私の不器用さに対し、過度に腹を立て自分を縛るように相手を責める。**自分と似ていると思う相手に厳しくなる。**

あなたの先生もそうだと思うのです。先生はあなたにこだわり、落ち度を探して攻撃し、安心したかった。しかし、あなたはけっして何も悪くはありません。級友たちはあなたが意地悪などとは思っていません。先生も思っていないのに、あなたに嫌なことを言っていじめたかったのです。私は私を目の敵にしていじめた先生を「ねずみ男」の役に書き、その時やっと思い出に変えることができました。あなたには苦しまないでほしいです。

問題は相手の心の中にある

自分に似ているあなたに厳しく当たり、
安心したかっただけ。
相手の憎しみは不当なので、どうか苦しまないでください。

44

相談 宝塚への夢があきらめられない

（27歳・女性）

私は小学生で宝塚歌劇団と出会い人生が大きく変わりました。その日からは生きることすべてが宝塚。稽古が大変でも、体重をキープするのがつらくても、宝塚があるから頑張れました。受験の機会は高校3年生の時だけで、不合格でした。その時から私の中の時間が止まってしまい、前に進めません。今も宝塚の舞台に立ちたかったと思っています。この気持ちにどう向き合いキリをつければよいでしょうか。

回答 宝塚でなければならないのか、自分に問い直して

宝塚に入団できなくても別の舞台で活躍している方をたくさん知っています。別の劇団やプロデュース公演でミュージカルをやったらどうですか。宝塚のどこが好きなのか、なぜその舞台に今も立ちたいと願うのか。もう一度確かめてください。そして、今の自分を鏡に映して、今の宝塚の舞台にあなたが出演したほうが素晴らしい舞台になるのか、ならないのか、真剣に観察してみてください。あなたが恋している宝塚の舞台に、今のあなたは本当に必要ですか。

※「ビリー・エリオット」というミュージカルを見ました。実在のバレエダンサーをモデルにした作品ですが、炭鉱労働者の息子である主人公が英ロイヤルバレエ団の面接を受けるシーンで「あなたはどうしてダンスが好きなので

※「ビリー・エリオット」
原題は「Billy Elliot the Musical」。２０００年に「リトル・ダンサー」の邦題で劇場公開された映画（監督：スティーブン・ダルドリー）をミュージカル化した舞台。日本では２０１７年７〜11月にかけて日本人キャストによる日本語版が上演された。エネルギー革命で揺れる１９８４年、イギリス北部の炭鉱町を舞台に、炭鉱夫である父の後を継がず、家族の大反対のなかバレエダンサーを目指す少年を描く。

すか?」と試験官に問われた時に黙り込みます。そして「**言葉にはできません。ただ、踊っていると体中に電気が走る。そして、自分が自由だと感じる**んです」と答えるのです。

私はこのシーンでいつも泣きます。自分もそうだからです。言葉にできない、でも、自分の精神や肉体が自由だと感じる。あの解き放たれた感覚。何者からも縛られない、あの感覚。**アートの世界に憧れる人々のほとんどが、その感覚のために命をかける**のでしょう。あなたが今何に命をかけたいのか。もう一度見つめ直してください。そして、再度、新たなオーディションを受けるべきです。

こだわりを捨て、新たな舞台に挑戦する

本当に命をかけたいものに出会うと、
人は自分が自由だと知る。
宝塚の舞台以外にも活躍の場はある。
視野を広げて、次のステップへ。

45 相談 死ぬのが怖くて仕方ない（23歳・女性）

「死ぬのが怖い」のはおかしいことでしょうか。小さい頃から「死」というものへの恐怖心が強く、今も毎日闘っています。怖いとわめいて母にあやしてもらった子どもの頃と違い、もういい年ですが、ふとした瞬間、恐怖と絶望、残り時間のはかなさを考えると全身から力が抜け、いてもたってもいられなくなります。人生に必ず付きまとう「死」というものとどのように闘っていけばよいのでしょうか。

回答 いくつになっても死への恐怖は続く

実は私も死ぬのが怖くて仕方がありませんでした。幼い頃から母を「どうせ死ぬのになぜ産んだのか？」と毎日問い詰めていました。死ぬことの苦しみを思うと、それなら生まれてこなかったほうがよかったと思ったのです。

宇宙の歴史を思えば、氷の粒よりも小さな一瞬の命が生き物の生と言えるでしょう。しかし、怖い。**自分がいなくなる。何も感じず、記憶もなくなり、無に帰ることが本当に怖くつらい。しかし、この苦しみはまさに死ぬまで続く**のです。

93歳になる父に「死ぬのがもう怖くないでしょう？」と一縷《いちる》の希望を持ちながら尋ねましたが「怖い。若い頃と少しも変わらずに怖い」と答えました。

私は絶望しました。人間、年を取れば、「死」に近づけば「死」が怖くなくなるように脳が変化していくものだと思っていたからです。しかし、**いくつになっても死が怖い**ことが父の話で分かってしまいました。

集中して舞台に出演したり、歌ったり、絵を描いたり、撮影したりしている時だけ死を忘れています。**すべての芸術は、限りある命を永遠にとどめようとする人の心の具現化**だと思います。死の恐怖を昇華したものが芸術やスポーツ、そして、あらゆる仕事なのかもしれません。死が怖いから人は目的を持って働けるのでしょう。そして、すべての者たちが天寿まで生きられるように戦争に反対し続けます。

好きな活動に集中する

歌ったり絵を描いたり舞台で演じたりしている間は、
恐怖心はなくなる。
芸術は、死の恐怖を昇華したものともいえます。

46 相談 観劇後のアンケートで〝駄目出し〟ばかり書いてしまう

（56歳・男性）

私は地方の劇場で上演される芝居にオーディションを経て役につく程度の素人役者です。それでも演劇人の方々と知り合いになり、芝居を見ています。終演後のアンケートで「駄目」ばかりの感想を書いてしまうので、9割の率で知り合いを怒らせています。「駄目」ばかりが印象に残る観劇ではなく「いいとこ」しか見えない気楽な観劇のコツというか要領、心構えというものがあるならば教えてください。

回答　印象に残ったことを一つ伝えてみる

ＮＨＫの連続テレビ小説「あまちゃん」の演出陣の一人、吉田照幸さんが２０１６年に出した本『折れる力』※の中で、観劇後感想を聞かれて「本当の友達なら真摯《しんし》なことが言えると思うのですが、そこまでの仲じゃないのに、面白くなかったと言うのは、どこかで自分がちょっと偉くなっている気持ちというか、評価目線があるのです。**良かれと思って伝えているのではなく、自分のプライドを満たすために、相手のことを批評しても、それは相手に伝わらない**ように思います」と書いています。どうでしょう。思い当たりませんか？

しかし、**自分自身も楽しめないのは観劇しても苦痛**でしかありません。一つでも印象に残ったことを伝えたらいかがですか。ほめるべきところは必

※『折れる力　流されてうまくいく仕事の流儀』吉田照幸（ＳＢ新書）会社の都合や人間関係など折り合いをつけ、仕事をうまく回していく極意を名物テレビディレクターが伝授する。

ずあります。転換の素早さ。役者の表情。照明の美しさ。衣装のデザイン。面白いところを探しながら観劇すると楽しくなります。

感想のアンケートにはまず、最初の一行をほめて書いたらどうでしょうか。役者の人柄の良さがにじみ出ているでも良いではないですか。私などは「さすが、ベテラン」「すごい、還暦とは思えない」などと言われることがあります。この感想は良かったのか悪かったのか、分からなくなりますが、言われるとうれしいものです。友人たちはいろいろと工夫してほめる言葉を探しているのだと思います。そうして、これからの関係を保とうと努力しているのかもしれません。

面白いところを探しながら観劇すると楽しくなる

偉そうな評価目線で批評しても、
自分がむなしくなるだけ。
どんなことにもほめるところは一つくらいある。
良いところを探しましょう。

47 相談 せっかちな性格を直し、のんびり過ごしたい

（63歳・男性）

せっかちな性格が直りません。何事にも「今」か「今日」、課題を解決しなければと思います。江戸っ子ではありませんが「宵越し」まで課題を繰り越したくない性格で、妻からも「あわてない、あわてない」とよく言われます。還暦を過ぎて、そんなにあわてることはないと頭の中で思っていても、行動は若い頃のまま。少しでも、のんびりを味わう工夫のヒントを教えてほしい。

回答 せっかちのままでいい

せっかちを直そうとしても直るものではありませんし、直す必要はありません。**今、ゆとり世代と言われる若者たちのあまりのゆっくりさに閉口している私にとって、あなたのようなせっかちな人は宝**です。どうぞ、そのままでいてください。

私もせっかちなタイプなので、毎日イライラしながら、気が狂いそうになって生きています。世の中のテンポが遅すぎるので、非常に我慢しながら毎日を暮らしています。

しかし、だんだん年を取ってくると、いくら昔せっかちだった人でもゆっくりしか動けなくなるのだ、ということを知りました。昔一緒に仕事をしていた時はせっかちで素早く動いていた、今75歳で制作の仕事をしていただいている人は「昔はすぐに動けたのに、今は自分でもあきれるくらいにゆっくりしか動けなくてイライラする」と言っています。つまり、何年かしたら誰でもゆっくりにならざるをえないのだから、動けるうちに人の2倍も3倍も働いていて良いのだということです。

せっかちな私のために、せっかちでいてください。いつか旅行にでも行きましょう。慌ただしく名所旧跡のすべてを観光し、慌ただしくお土産を買い、絶対にのんびりしない、**せっかちな旅が大好き**です。ゆっくりのんびりした人には絶対に付いてこられない旅。絶対、気が合うと思います。

人より倍以上もせかせか働けるのは、今のうち

だんだん年を取ると、
ゆっくりとしか動けなくなる。
テンポよく動けるうちは、せっかちでいてください。

48

相談 自分が何をしたいのか分からない

（20歳・女性）

私は、自分が何をしたいのか分からず困っています。夢ややりたいことが特になく、大学もやめてしまいました。それからバイトなどをしていましたが、長く続かず、こんな自分を情けなく思います。

家族にも迷惑をかけてしまって申し訳ないです。どうして頑張れないのでしょうか。こんな自分がこれから社会でやっていけるのでしょうか。

回答 今、生きているだけで良いのでは？

さまざまな情報にあふれ、インターネットで全世界のあらゆる映像が見られる時代。あなたがやりたいことが見つからないと悩む気持ちが分かります。**パソコンやタブレットを開いていると、自分で何かをやらなくても、全世界の人がもうすべてやり尽くしているように**も見えてしまいます。そして才能を謳歌《おうか》し、出来上がった人たちの活躍を見ていると、それまでの努力の過程がまるでなかったかのような錯覚にもとらわれます。

ピンポイントで入ってくる画像に向き合っていると、自分というものの存在も不確かになってくる。**あなたにやりたい職業がないと思わせるものは何なのか？　なぜすべてが並列に見えるのか？**　今を生きる若い人たちは、私の若い頃よりも夢を作るのが難しいだろうと思ってしまいます。

でも、それでもあなたは生きている。食事を取ることができて生きていられる。それだけで良いのではないですか？　一つの仕事を無理やり選ぶ必要はないと思います。

困った人がいたら助け、友達や肉親が病気になったら駆け付けて看病する。何でも良いからとにかく働く。**働いて得たお金で、演劇や映画を見ること**をおすすめします。本を読むことも。そこにある別の人生の縮図の中にあなた自身が潜んでいます。そんな自分と向き合ってみてください。私は真面目で誠実なあなたと会って話したくなりました。

何でもいいから、働いてみる

仕事を選ばず、まずは働く。
そこで得たお金で演劇や映画を見たり、
本を読んだりしてみる。
登場人物の中に、あなたの人生が潜んでいますよ。

49 相談 他人を見下してしまう（32歳・男性）

他人を見下してしまう自分の性格が嫌です。自分より学歴や収入の低い人、容姿が好みでない人、空気の読めない人を見下してしまいます。同僚にはいつの間にか嫌われ、お客様から担当を代えてほしいと言われることもありました。冷たい視線や傲慢な態度のせいだと思います。自分は平凡な人間で、他人より優れているわけではありません。人を尊敬しながら生きていくにはどうすればいいでしょうか。

回答　「見下す」という心の具合は厄介

人を見下さないためにはどうしたらいいいか？　これは複雑で難しい相談です。

世界陸上競技選手権でカール・ルイス※が連続で優勝していた１９９０年ごろです。私は山形の実家でカール・ルイスを応援していました。「ゴールするよ」と台所の母に声を掛けると「どうせまた黒人でしょ？」と母が信じられない言葉を発したのです。戦後、人、皆平等の教育を受け、自分の母親がまさかそんな発言をするとは……と耳を疑いました。

私は初めて母を軽蔑し、見下したのです。「見下す」という心の具合は本当に厄介です。あの後母と口論し、さらなる母の黒人に対する差別意識が露呈しました。しかし、そんな母を見下す私も、差別主義者ということになる

※カール・ルイス（1961年～）
陸上競技男子１００メートル走において、世界で初めて10秒の壁を破った（平地での記録）伝説のスプリンター。10個の五輪メダルと10個の世界選手権メダルを獲得。

のではないかと思うのです。

どうしたら相手を尊敬し見下さずにいられるのかと悩む**あなたは、まっとうな人間**かもしれません。ほとんどの人が**自分を正当化**するために、**自分よりも劣って見える人を探し、見下す**ことによってかろうじて生きているかもしれないのです。

インドのカースト制など、私にとっては信じられない思想が仏教より以前から今も続き、インドの人には全く自然のことだという異常を見ても、あなたの悩みを解決することが難しいと分かります。

私が一生インドに行きたくないのは、頭にきて帰国できなくなるからです。しかし、そんな考えを持つ人たちを私は見下しているのです。

他人を見下すことで、人は何とか生きている

多くの人々は、自分を正当化するために他人を見下している。
見下す人間は、差別主義者ともいえる。
それに気づき、悩むだけでもまっとうな人間といえます。

50 相談 完璧を求めてしまう自分がつらい（23歳・女性）

完璧主義をやめたいです。私は、勉強や就活、恋愛など自分が大事だと思うことに対して完璧を求めてしまいます。完璧でないならやりたくない、100か0かの考え方をしてしまいます。毎回100パーセントの力を出せるわけではありません。自分でかけたプレッシャーに耐えられなくなり全く物事が手につかないということがあります。このような強迫観念をどうしたらなくせるのでしょうか。

回答　この世に完璧は存在しない

理想を求める姿勢は大切だと思います。あなたが最終的に目標とする夢は大事に心のうちに秘めていていてほしいのです。しかし、追い求める形と現実は相当に違います。私も物事を完璧にこなしたいと思いますが、完璧という形はこの世にはないということに気が付きました。完璧だと思うとその上にもっと素晴らしいものがあり、手に入れようと努力してもさらに完璧なものがその先にあるのです。つまり、人は永遠に完璧なものを手に入れることはできないのです。

私はあなたが限界まで完璧主義を貫き、挫折して立ち直れなくなる一歩手前までやってみることをすすめます。**限界を知れば、自らの生きる道が開かれてくる**と思うからです。

舞台の本番と新作執筆とドラマの撮影がダブってしまった時、私はどれも完璧にやりたいと思い、ろくに寝ないで頑張りました。でも、思い描いたような役作りや作品にできない焦りと不安に押し潰され、精神に激痛が走るのです。どうすれば、スタッフや共演者が納得できるようにやれるのだろう？　相手の身になって考える。妥協できるところを考える。

相手に迷惑のかかるところだけをきちんとやり、自分が我慢すればよいところは後でやる。これを繰り返していくと、すべて期日までに仕事ができて、お客様も喜んでくれる状況になっているのです。つまり己を知れば良いということなんですね。

自分の限界を知る

いっぺん完璧をとことん貫いて、限界を知るといい。
挫折し、押し潰されて初めて、
自分の生きる道が開かれます。

essay

生きていることに感謝する

『狂ってるのは誰か』という本を池袋駅西口の芳林堂書店（現在は閉店）で見つけた時、まさに私が日ごろ自問自答しているテーマそのものだと感じた。富士山麓の精神病院を描いた武田泰淳《たいじゅん》の『富士』も愛読書の一冊で、幾度も自分の作品の中にそのエキスを入れさせていただいている。

20歳の頃、当時所属していた劇団の先輩と銀座のみゆき座で見た「カッコーの巣の上で」に感動しすぎて、ガード下の飲み屋で興奮して感想を語り合ううちにホッピーを飲みすぎて立てなくなった。介抱してもらっているうちに良い仲になり、結局8年間も付き合うことになったほどだ。

高校の頃に影響を受け、東京で演劇をやろうと決意したきっかけになったのは、山形の県民会館で見たテネシー・ウィリアムズの「ガラスの動物園」。大勢と共存できないローラという人物の精神にシンパシーを感じ、号泣し席を立つことができなかった。

小さい頃からまともなのは自分一人で、世の中や周りの大人たちが狂っているような気がしていた。自分という人間はなぜ周りに理解されないのか？　それなら、何も分からぬふりをしておどけてみせるしかないといったような、太宰治の『人間失格』みたいに思い悩んできたのであった。

世の中は、多数が暮らしやすいように構築されていく。そしてそれは正義ではなく、その時々の社会の価値観によって変動していくものらしい。力の強いものが上に立ち、弱いものは世の中の犠牲になっていく。そして強いものの価値観も時代によって変わる。そんな中で普遍の価値観を探し、その理想を永遠にとどめたいと考える人たちがアートを作り続けるのだろう。その時代の中で損だと言われようが、攻撃されて押し潰されようが、作品を作り続けたいと願う。やむにやまれぬ熱情は、自分のうちに秘めた正義感と他者には「狂気」と思われる激情の細胞である。

まさに生き馬の目を抜く東京で仕事をするためには、狂うしかないとも言える。義理人情に背を向け、淡々と仕事をこなしていかないと周りに迷惑の輪が広がってしまう。そんな激しい歯車に押し潰されて、突然に、全く体が動かなくなってしまったことがあった。

すべての仕事を断り、友人に勧められた石垣島に1週間ほど一人で出かけた。民宿やペンションで普通に暮らしているうちに徐々に元気が出て、シュノーケリングをしてしまうほどに回復した。

時間に縛られない、明るく、程よくおせっかいな心優しい土地の人たち。海と林の輝く色彩。「狂っているのは誰か?」と考えなくても柔らかく生きていける環境が、病気を治してくれたのだった。損得を考えず、人にも自分にも優しくなれるような環境作りをしていけないだろうか。損得の価値観の違いが、心の病を複雑にしている気がする。

お互いに今生きているということを大切にしたい。

おわりに

子どもの頃から悩んでばかりいる私がまさか人の悩みの相談に乗り、新聞紙上で生意気な考えを述べさせてもらうことになろうとは。

一つひとつの悩みに向き合い、考え込んでいるうちに回答の出ないことが私の悩みにもなり、また、おせっかいなオバサン的な気質をくすぐられ、楽しみになってしまった感もある。オバサンと少女が同居する私ならではの微妙な宇宙の小部屋が、そこにある。

もし自分ならどうするのか？ と答えを出そうとする自分。しかし、相談者は自分ではない。心のどこかでこんなふうに答えてほしいという望みがあり、その答えに光を見いだそうとしている方もあろう。しかし、人は誰も同じではなく、真逆の対応をしている可能性もある。私が64歳まで生きてきた体験の中から答えを引き出すしかないのだ。

とにかく相談者と共に生きるというのが私の回答なのである。忙しい日々に寝る時間を削って3年近くこんなに真剣に書いてきたので、何かまとまった形にできないものか……

とぼやいていたら、出版の話が舞い込んできた。ありがたいことである。悩みを抱えている方たちがホッと一息つけるような本になれば幸いである。自分だけが孤独で悩みを抱え、苦しんでいるのではない。そう思うだけで、少しは楽になれるのではないだろうか。

8年前に親友を次々と亡くし、もう自分も生きていられないような孤独感にさいなまれた。

高校時代からの親友は意識がなくなり、命の光の消える瞬間までを私に見せてくれた。人が亡くなるとはどういうことなのかをすべて。息が止まり、人体が異物に変化する瞬間。よく魂が抜けるという表現が使われる。それはただの比喩だと思っていたが、現実に目の前で、親友の魂が体から消えていく瞬間を見てしまった。呼んでもたたいてもつねっても、そこにはもういないのだという瞬間である。必ず人はこうなる。親友が、生の残酷さを私に見せてくれたのだ。

私は幼い頃から死ぬのが怖くて、「どうせ死ぬのになぜ産んだのか」と母をしょっちゅう問い詰めるような子どもだった。

「人生とは死ぬまでの暇つぶしだ」と言った人がいたが、うまいことを言うなと思う。「死」

は誰にでも訪れる。そして人は、死んでいる時間のほうが圧倒的に長いのである。

子どものいない私が年老いてから一人になるのはあまりに孤独ではないか？という周りの制止を振り切って、私は昨年、離婚に踏み切った。一人の孤独より二人の孤独のほうがつらいと思ったからだが、離婚は女性にとっては重労働であった。通帳やカードなど名前を変える作業が半端なく大変で、荷物の廃棄や整理が何カ月たっても終わらない。片づけの最中に出てきた思い出の品々を手に取り、感傷にふけっている時間もない。男性は得だとつくづく思う。そして男性は得なことにも気が付かずに、一生を終えるのだろう。

今、石垣島でこの文章を書いている。20年以上前から疲れると訪れていたペンションに、お見舞いに来ている。シュノーケリングの指導をしてくれたり、サンゴの産卵に案内してくれたりした私と同い年のご主人が、肺がんで余命いくばくもない状態になってしまったからだ。

わざわざ奥様とともに、私の舞台を見に東京まで来てくれたこともある。

5年前に私の植えたマンゴーが今年ようやく実り、山ほど送ってくださった。今年の新作「私の恋人」の稽古場で、スタッフとキャストと一緒に味わった。マンゴーの木を見に行く約束をしていたので先月電話をしたら、「あと1カ月もたないかもしれない」と初めて聞いたのだ。

青い海、白い砂浜の見える窓際のベッドに横たわり、すっかりやせてしまった彼は「渡辺さん、がんだけにはならないで。こんなに苦しく痛いものだとは知らなかった」と言った。新しく建て替えたばかりだったモダンなデザインのペンションは売ってしまい、自宅の下に広いゲストルームを作り、私が訪れる前日に完成したばかりだった。

彼の奥様をはじめご家族の方々が作ってくださった料理が並んだ食卓を囲み、お孫さんの好きなアイドルの話や思い出話などで大笑いしながら盛り上がった。そして彼はベッドの上で、私が今泊まっている施設に電気スタンドが足りないことなどを心配してくれる。カヌーに乗るか? マンゴーを見に行くか? とせっかちに気を回し、体が動かないことがもどかしそうである。それが切なくて、彼がいない場所で泣くしかない。

悩みは、生きているものが抱えなくてはならない荷物のようなものだろう。子泣き爺のようにいつも背中にくっついている荷物だ。それは小さくなってがんのようになったり、大岩のように膨らんだりする。

しかし悩みは一人では抱えきれない。親しい人が亡くなった悲しみや苦しみは、そう簡単には癒やされない。だから誰かに相談することも大切だ。それがかなわなかったら、小説や音楽、そして先達が創造した芸術に触れることが一番だと思う。私の場合は、沢田研二さんの音楽を毎夜聴くことで、昨年からの苦しみを乗り越えてきた。彼のコンサートに行くことで勇気が得られ、今まで生きてこられたとつくづく思うのだ。

そして現実を知る。厳しい現実と向き合い、向き合うための夢を見る。「夢見る力」を得るために、苦しみからも悲しみからも逃げまいと思う。

最後に、毎日新聞連載「人生相談」の歴代担当者の方々、何度も書き直したり締め切りが遅れたりしても対応してくださり、ありがとうございました。そして、書籍化にあたり辛抱強く書き下ろし原稿を待ってくださった毎日新聞出版の峯晴子さん、ありがとうございました。

２０１９年10月

渡辺えり

本書は２０１６年10月～２０１９年7月、毎日新聞に掲載された「人生相談」50回分を再構成したものです。

各章末のエッセイは、書き下ろしです。

◎著者紹介

渡辺えり（わたなべ・えり）

1955年1月5日生まれ、山形県出身。舞台芸術学院、青俳演出部を経て、1978年から「劇団3〇〇（さんじゅうまる）」を主宰。1983年舞台「ゲゲゲのげ 逢魔が時に揺れるブランコ」で第27回岸田國士戯曲賞、1987年「瞼の女 まだ見ぬ海からの手紙」で紀伊國屋演劇賞を受賞している。1998年に20年間活動した「劇団3〇〇」を解散。その後、演劇ユニット「宇宙堂」を経て、現在は演劇制作集団「オフィス3〇〇」を母体にさらなる自由な表現を求めて意欲作を次々と発表している。その他、新橋演舞場公演「有頂天シリーズ」の主演を務めるなど、客演舞台出演も多く、人気が高い。劇作家、演出家、女優として、舞台、映像など、その活躍分野は幅広く、CD、ライブなどの音楽活動も活発に展開中。また、次世代の演劇空間の創造を目指し、演劇私塾「渡辺流演劇塾」を開塾するなど、若手の育成にも努めている。2017年に上演した「鯨よ！ 私の手に乗れ」は2020年再演が決定。2019年「私の恋人」では脚本、演出、出演をこなし好評を博す。2018年より日本劇作家協会会長を務めている。

映像作品では、1996年映画「Shall We ダンス？」で報知映画賞助演女優賞、日本アカデミー賞最優秀助演女優賞を受賞。人気を博したＮＨＫ連続テレビ小説「あまちゃん」の他、多数のテレビドラマに出演。2019年12月公開の周防正行監督映画「カツベン！」でも存在感を示している。

2019年、高村光太郎と宮澤賢治をモチーフにした戯曲集『月にぬれた手／天使猫』（ハヤカワ演劇文庫）を刊行。

ブックデザイン――宮坂佳枝
写真――宮田浩史
編集協力――柴崎あづさ
ＤＴＰ――センターメディア

渡辺《わたなべ》えりの人生相談《じんせいそうだん》　荒波《あらなみ》を乗《の》り越《こ》える50の知恵《ちえ》

印　刷　2019年12月1日
発　行　2019年12月10日

著　者　渡辺《わたなべ》えり

発行人　黒川昭良
発行所　毎日新聞出版
〒102-0074　東京都千代田区九段南1-6-17　千代田会館5階
営業本部：03（6265）6941
図書第二編集部：03（6265）6746

印刷・製本　光邦

ISBN978-4-620-32614-6